RÉFLEXIONS

SUR

L'HOMME,

OU

EXAMEN RAISONNÉ

du Discours de M. ROUSSEAU, *Citoyen de Genêve, sur l'origine & les fondemens de l'inégalité parmi les hommes.*

Par M. JEAN-HENRY LE ROUS, Conseiller du Roi de France.

Tabulationes mihi narraverunt iniqui, sed non ut lex tua. Psal. 118. v. 85.

A GENÉVE

M. DCC. LVIII.

PRÉFACE.

C E n'eſt pas ſeulement ma cauſe que j'entreprends de défendre contre M. Rouſſeau de Genêve, c'eſt encore celle de toute l'eſpece humaine. M. Rouſſeau n'en veut qu'à notre raiſon, je n'attaque que la ſienne. Le deſir de ſe ſingulariſer a été le ſeul but de ſon Diſcours ; l'amour du vrai & de mes ſemblables m'a ſeul conduit dans mes réflexions ; aurois-je moins de droit que lui à l'indulgence du Lecteur judicieux ?

Les Juges de M. Rouſſeau ſeront les miens, & je crois pouvoir dire d'avance qu'on n'a rien à craindre de défendre devant eux la raiſon perfectionnée, & qu'on riſque tout à vouloir la combattre.

En effet, où en ſerions-nous, ſi mes ſentimens ne prévaloient ſur ceux de M. Rouſſeau ? Ce n'eſt pas en dégradant

a ij

l'homme de fon état d'homme qu'on le fait mieux connoître, ce n'eft pas non-plus en l'élevant au deffus de ce qu'il eft. Trop d'élévation, trop d'abaiffement, font dans fon hiftoire deux écueils également à éviter. Pour parler de l'homme, il faut faire voir fa grandeur, mais fans cacher fa foibleffe ; c'eft un être, dans fon état actuel, compofé de bien & de mal ; un être qui, malgré les paffions & les penchants de la brute, aufquels il eft affujetti comme elle, porte l'empreinte & le caractére de la Divinité dont il eft feul capable.

M. Rouffeau, dira-t-on, n'a fait que jetter fes penfées fur le papier ; il eft le premier à ne pas ajoûter foi à ce qu'il a écrit. Je le fouhaite ; mais s'agit-il de ce que M. Rouffeau penfe ou ne penfe pas ? Ne s'agit-il pas au contraire de ce qu'il a écrit & voulu faire penfer ? Seroit-il conféquent, parce qu'un Charlatan n'auroit pas lui-même le premier de confiance dans les Drogues empoifon-nées dont il infecteroit le public, feroit-il conféquent, dis-je, par cette feule

raiſon de n'y pas aporter de contrepoi-
ſon. D'ailleurs dans un ſiécle malheureux où l'on croit tout, excepté ce qu'il
faut croire ; ſiécle dépravé, où l'inconſ-
tance de l'eſprit & du cœur ne ſe fixe
qu'à ce qui porte l'empreinte de la nou-
veauté, quelles ſuites ne pourroit pas
avoir un langage pareil à celui de M.
Rouſſeau? Combien d'hommes dominés
par les paſſions, comme autant d'arbres
ébranlés par la tempête, ne tiennent plus
à l'humanité que par quelques racines,
& que le moindre coup renverſeroit
pour toujours. Combien le parti formé
pour anéantir, pour étouffer à quelque
prix que ce ſoit dans le cœur humain,
des vérités & une raiſon ſans laquelle
nous ceſſerions d'être hommes, ou plutôt ne l'aurions jamais été, a-t-il fait
de progrès, de ravages? Ce torrent nous
inonde de toutes parts, & ceux qui par
état devroient être les premiers à s'y
opoſer, n'en ſont peut-être eux-mêmes
que les plus terribles ſources. Telle eſt
notre ſituation ; ſituation d'autant plus
déplorable, que tous rendent lâchement

des armes qui leur paroiſſent trop peſan-
tes. Tous en foule courent ſe livrer à l'ennemi pour éviter un choc qu'ils ne ſont
plus en état de ſoutenir. Tout eſt au pil-
lage, le Sanctuaire reſpectable de la Religion n'eſt pas lui-même épargné ; déja
l'ennemi commun eſt porté en triomphe
ſur l'Autel de la Divinité par ceux mêmes, * oſerai-je bien le dire, qui, con-
ſacrés plus particulierement à ſon culte,
étoient uniquement faits pour en défendre les droits inaliénables.

Que ces ſages du monde, que ces eſ-
prits prétendus forts triomphent ; leur
triomphe ne ſera pas éternel.

Nouveaux Titans, qu'ils entaſſent montagnes ſur montagnes pour chaſſer la vérité de ſon trône, elle rit de leurs vains
efforts ; déja le foudre qui doit les enſé-
velir pour jamais ſous les débris de leurs
monſtrueuſes chiméres, eſt prêt à partir.

Accoutumés au brillant & à l'éclat
des armes dont ils ſe parent, ils riront
peut-être de la ſimplicité de celles avec leſquelles j'oſe me preſenter contre un d'eux.

* M. l'Abbé de Prades , &c.

M. Rousseau est un Géant, je ne suis qu'un Pygmée, mais un Pygmée couvert du bouclier de la vérité.

Quelle que soit l'issue du combat, j'entre sans crainte dans la lice ; si je ne remporte pas tout l'avantage que j'espére , au moins me restera-t-il celui d'avoir combattu pour le vrai.

E R R A T A.

Page 11. *ligne* 11. d'être mis ; *lisez*, d'être unis.

Pag. 13. *lig.* 7. comme ; *lisez*, commune.

Pag. 31. *lig.* 6. il en auroit résulté une monde de matérialités , ou tout au moins il auroit été ce que font les brutes ; *lisez*, il en auroit résulté un monde composé de matérialistes , ou tout au moins de brutes , &c.

Pag. 61. *lig.* 19. ne s'opose pas nécessairement à l'autre ; *lisez*, ne supose pas nécessairement l'autre.

Pag. 83. *lig.* 7. *après le mot* vertus, *mettez un point virgule* ; lig. 8. *après le mot* loi , *retirez le point & laissez la virgule.*

Pag. 92. *lig.* 26. pour ; *lisez*, par.

Pag. 94. *lig.* 17. *après le mot* admettre , *mettez deux points* ; *après* d'aveugles hazards , *retirez le point & laissez la virgule.*

Pag. 96. *lig.* 15. fecond ; *lisez*, fécond.

Pag. 113. *lig.* 24. & suiv. *retirez les guillemets* ».

Pag. 129. *lig.* 8. & 9. se les procurer ni même les désirer ; *lisez*, se le procurer , ni même le désirer.

QUESTION

Proposée par l'Académie de Dijon.

QUelle est l'origine de l'inégalité parmi les hommes, & si elle est autorisée par la Loi naturelle ?

REFLEXIONS
SUR
L'HOMME,
OU EXAMEN RAISONNÉ
du Discours de M. ROUSSEAU, *Citoyen de Genève, sur l'origine & les fondemens de l'inégalité parmi les Hommes.*

» **C**'EST DE L'HOMME (1), M. » Rousseau, que vous avez à » parler; » malheureusement, à » force de l'étudier (2), nous nous som- » mes mis hors d'état de le connoître: » qu'en dire? Ce sont des hommes que vous avez à instruire, sur ce qu'ils ont été, sur ce qu'ils sont ; » ne vous con- » noissant pas (3) vous-même, désef- » pérant de venir à bout de vous voir tel » que vous-a formé la Nature, à travers » tous les changemens que la succession

(1) Dif- cours de M. Rouf- seau page 1 de l'E- dition in- 8°. en 1755.

(2) Pré- face page 55.

(3) Ibid. page 54.

A

» des tems & des choses a dû produire
» dans votre constitution originelle; »
que leur aprendre ? Le but de la car-
riére que M. Rousseau se propose de
parcourir, ne se découvre point encore
à ses yeux ; qu'importe ? il va toujours
à bon compte « défendre avec con-
» fiance (4) la cause de l'humanité de-
» vant les sages qui l'y invitent, bien
» content de lui-même, s'il se rend di-
» gne de son sujet & de ses Juges. O
» homme (5) (*s'écrie-t-il*) de quelque
» contrée que tu sois, quelles que soient
» tes opinions, écoute ; voici ton his-
» toire telle que j'ai cru la lire, non
» dans les Livres de tes semblables qui
» sont menteurs, mais dans la Nature
» qui ne ment jamais. Tout ce qui sera
» d'elle, sera vrai : il n'y aura de faux
» que ce que j'y aurai mêlé du mien sans
» le vouloir. » M. Rousseau n'a fait que
croire avoir lu dans la Nature l'histoire
de l'homme ; rien n'est d'elle dans son
discours, tout est de lui : de son propre
aveu tous les hommes sont menteurs ;
il est homme. Après cela M. Rousseau
est-il content de lui ? croit-il s'être rendu
digne de son sujet & de ses Juges ?

Pour dire la vérité, il faut l'aimer ;
pour l'aimer, il faut la connoître ; pour

(4) Dif-
cours p.
1.

(5) Ibid.
page 7.

la connoître, il faut qu'elle veuille bien se montrer elle-même ; sans elle tout n'est que ténébres. Ne vous étonnez donc plus, M. Rousseau, ne vous scandalisez plus du peu d'accord qui régne entre ceux qui , comme vous, n'ont suivi que leurs propres lumieres pour traiter la matiere de la nature de l'homme ; Anciens , Modernes, Philosophes, Moralistes, &c. tous , sans guides, n'ont pu donner que dans l'erreur ; les uns ignorant, les autres méprisant la seule lumiere qui pouvoit sûrement les conduire , est-il surprenant qu'ils n'aient point été d'accord , qu'ils n'aient jamais trouvé la vraie solution des problêmes qu'ils se sont proposés à cet égard ? Sentant bien, mais n'apercevant jamais, tantôt ils ont accusé la Nature, tantôt le Créateur , & jamais la Créature , seule coupable & factrice du désordre qui régne chez elle ; c'est ce qu'ils auroient apris & enseigné à l'aide de la Révélation ; elle seule peut fixer la vraie origine de l'homme , prouver la perfection de sa nature dans sa création ; elle seule peut indiquer la source de tous nos maux , de tous nos vices, de tous nos mal-

A 2

heurs, en faisant connoître la Nature
tombée. *

La Révélation , n'étant rien autre
chose que la vérité par elle-même rendue sensible à l'homme, jamais ne trompe, jamais n'égare ; elle éclaire tout,
elle décide tout , parce qu'elle est vérité ; elle seule , M. Rousseau, est la
solution du problême que vous propo-
sez : « Quelles expériences (6) seroient
» nécessaires pour parvenir à connoî-
» tre l'homme naturel , & quels sont
» les moyens de faire ces expériences
» au sein de la société. » Problême digne tant que vous voudrez des
Aristotes & des Plines , non-seulement
de notre siécle, mais encore des siécles passés & des futurs ; Aristotes &
Plines qui ne le résoudront & ne l'é-
clairciront jamais, quelques expériences qu'ils fassent , hors celle de la prendre pour guide & de la suivre par-tout.
Elle seule est cette clef qui pouvoit faire
pénétrer , par nos Aristotes passés &
modernes , le sacré laboratoire du

(6) Pré-
f ce page
58.

---

* L'Homme du monde qui a le mieux connu
l'Homme (M. Pascal) n'a pas fait difficulté de
dire que l'Homme est plus inconcevable sans le
mi ère de la nature tombée , que ce mistère
n'est inconcevable à l'Homme.

Très-Haut ; là ils l'auroient vu créer
l'homme dans un état de perfection ;
ils auroient suivi cet ouvrage digne de
son Créateur, & ils l'auroient bientôt
vu s'en rendre volontairement indigne
par la désobéissance la plus odieuse ;
ils auroient vu l'homme dans sa nature
parfaite, non borné comme les brutes
au seul instinct, mais orné d'une ame
toute spirituelle, dégagée de toute matière, créée à l'image de son Créateur,
vivifiée par son souffle : un peu plus loin
ils auroient vu ce même homme, par
son ingratitude, dans sa nature tombée, défiguré, accablé de besoins, de
nécessités, entraîné par des passions
dont il étoit auparavant le maître,
uniquement par lui-même capable du
mal, incapable par lui-même d'aucun
vrai bien, sujet aux maladies, à la
mort, la terre maudite pour lui, les
élémens réunis à venger son crime, enfin l'ennemi de toute la Nature, son
propre ennemi, &, ce qui est le plus
triste encore, l'ennemi de son Créateur.
Alors ils se seroient écriés avec nous,
indè mali labes ; ils n'auroient point
cherché ailleurs la source & l'origine
de cette inégalité aparente entre les
hommes, qui n'est rien qu'un châtiment

A 3

& la fuite de la défobéiffance du premier de l'efpéce. Nous ne les aurions
pas vu, avec autant d'impiété que d'orgueil, traiter de puérilité, d'enfance,
de préjugé, des vérités * auffi chéres
& auffi précieufes que celles qui·, en
nous découvrant nos miféres, nous en
font efpérer la guérifon, dans la puiffance & la bonté de celui qui feul peut
les guérir.

Montrez-nous donc, M. Rouffeau,
tant qu'il vous plaira, l'homme fujet à
tous les maux, aux vices, aux maladies, à la mort; effayez de nous dé-
montrer l'inégalité aparente des états
des hommes, nous fçavons cela auffi-
bien que vous, votre peine eft inutile,
une expérience journaliere ne nous le
fait que trop triftement fentir; mais

---

* Deux vérités, dit M. Pafcal, qu'il eft im-
portant de bien connoître & de ne pas perdre
de vue, pour connoître l'homme. Il y a un
Dieu dont les hommes font capables; il y a une
corruption dans la nature qui les en rend indi-
gnes. Une feule de ces connoiffances fait, ou
l'orgueil des Philofophes qui ont connu Dieu &
non leur mifére, ou le défefpoir & la folie des
Athées qui connoiffent leur mifére fans Rédem-
pteur. Levez vos yeux vers Dieu, difent les
premiers: voyez celui auquel vous reffemblez.
Baiffez vos yeux vers la Terre, difent les fe-
conds, chétif ver que vous êtes, & regardez
les bêtes dont vous êtes le compagnon. *Penfées
Tit. 3. pag. 25.*

que sans d'autres lumieres que les vôtres, vous vouliez nous en découvrir
& nous en éclaircir la cause & l'origine,
pour nous conduire plus surement au
reméde, tel esprit que vous ayez, telle
bien montée que soit votre imagination, vous me permettrez de vous dire
que vous n'y réussirez point, que vous
ne ferez que tomber d'erreur en erreur,
de contradictions en contradictions.
Nouvel Icare, nous vous verrons plus
d'une fois trébucher aux aproches des
rayons de la vérité, sort inévitable à la
présomption de vos pareils.

PREMIERE PARTIE.

LE peu de connoiſſances que l'homme a par lui-même de ſon origine
& de ſa nature actuelle, le peu d'étude
qu'il en fait, la difficulté qu'il a de les
acquerir, font la ſource des erreurs,
des vices dont ſon eſprit & ſon cœur
ſont infectés. Adorateur de lui-même
& ſon plus grand ennemi, ſe cherchant
ſans ceſſe, ſe fuyant toujours, énigme
inconcevable à ſes yeux, à chaque inſtant nouveau Protée, ſa propre connoiſſance eſt ce qui le touche le moins:
tout entier hors de lui & jamais au-de-
dans, il ne connoit & ne cherche à connoitre que l'extérieur, que ce qui touche ſes ſens. D'où vient-il? Qu'eſt-il?
Où va-t-il? il n'en ſçait rien. Seul dans
la nature, étranger pour lui-même,
le dehors ſeul le fixe & le frape; curieux
de tout ce qui n'eſt pas lui, il ne cherche qu'à s'ignorer lui-même. Si quelquefois & malgré lui, il ſe ſent capable
de faire des retours, ſi au dedans il
entend une voix qui lui crie ce qu'il
eſt & ce qu'il doit être, ce ne ſera
plus que pour l'affliger, le tourmenter, le contredire, lui faire des re-

proches, enfin l'opoſer toujours à lui-
même ; voix intérieure qu'il étouffe
bientôt, dont il ſécoue d'autant plus
volontiers le joug importun, qu'elle le
rapelle plus ſouvent à lui, & qu'elle s'ef-
force de l'y fixer ; ſituation que l'orgueil
naturel ne peut enviſager qu'avec horreur ; joug affreux qu'il ne peut ſupor-
ter qu'en ſe croyant le plus malheureux
de tous les êtres : tel eſt le comble de
notre aveuglement.

Dans cette perpléxité, quel parti
va prendre l'homme ? Fatigué de la
guerre inteſtine que la chair & l'eſprit
ſe livrent, le preſent lui paroiſſant ſon
vrai & unique bien ſans jamais le ren-
contrer, trompé ſans ceſſe par les apa-
rences, ſon ſeul travail ne ſera plus que
d'étouffer, autant qu'il ſera en lui, cette voix qui lui crioit trop ſouvent, qu'il
eſt d'une autre nature que les brutes ;
qu'il a une deſtinée bien autre & bien
plus noble ; que le but du Créateur, en
le créant ſuſceptible d'intelligence, de
raiſon, de prudence, n'a pas été de le
créer pour la terre ſeulement, qu'il a eu
un autre deſſein : & quel autre deſſein ?
ſinon celui de le rendre participant de
ſon bonheur, deſſein de faire des heureux, deſſein bien digne de la grandeur

& de la bonté d'un Dieu son Créateur.

L'homme semblable aux brutes par la chair, par les organes, par les sens & par les penchans; image de la Divinité par son ame, cet être qui pense en lui, cet être spirituel, immortel, créé de rien comme la matiére, sans cependant pouvoir être matiére, n'ayant ni longueur, ni largeur, ni hauteur, ni profondeur, ni dureté, ni flexibilité, aucune étendue, aucune divisibilité dans ses parties, qui ne se touchent ni ne s'aperçoivent par les sens; cet être capable de réflexion sur lui-même & par lui-même, faculté dont la matiére est incapable, tel est le composé de l'homme. La chair, l'esprit, l'être matériel, l'être pensant & spirituel, deux êtres qui ne paroissant qu'un dans l'homme, sont cependant bien distincts & séparés par leur essence, par leurs gouts & par leurs affections; nécessaires sur la terre l'un à l'autre, d'accord & amis en aparence, ils sont ennemis & contraires en effet. Les impressions de la matiére étant autres que les impressions de l'esprit, il s'ensuit qu'il y a dans l'homme deux sortes de loix, la loi de la matiere, la loi de l'esprit; de-là les guerres de l'homme avec l'homme

même; de-là les contradictions inté-
rieures, les combats continuels qu'il
éprouve.

La matiére portée par sa nature à
la terre, l'esprit au contraire attiré vers
le ciel; la matiére créée pour obéir,
l'esprit créé pour commander; l'orgueil
de la premiére, l'autorité naturelle du
second; leurs inclinations si differentes
& si contraires; la nécessité où ils sont
d'être mis & de vivre ensemble, font
juger & sentir aisément qu'il n'y aura
jamais de paix chez l'homme, que
l'esprit n'ait soumis la matiére, ou que
la matiére n'ait subjugué l'esprit. S'il
reste encore la moindre force, la moindre liberté d'un côté, qui ne soit pas de
l'autre, point de paix, toujours des
attaques, des rebellions du côté de la
chair; des efforts, des retours du côté
de l'esprit. Afin que l'homme ait la paix,
il faut qu'un des deux soit subordonné:
si c'est l'esprit qui a vaincu la matiére,
alors c'est une vraie paix; l'homme est
dans l'ordre, il éprouve, par le calme
qu'il ressent, que l'intention du Créateur
a été que l'esprit conduisît la matiére &
lui commandât: si au contraire, par un
monstrueux renversement, c'est la matiére qui a triomphé de l'esprit, alors

l'homme jouit d'une paix, mais fauſſe, mais terrible, dont le terme eſt la mort, qui lui faiſant perdre la qualité diſtinctive de l'homme avec la brute, l'abaiſſe même au-deſſous.

L'être créé pour obéir, ſoumis à l'être créé pour commander, voilà l'homme créé parfait & dans l'ordre par le Créateur; l'être créé pour commander, ſoumis, ſubjugué par l'être créé pour obéir, voilà l'homme tombé, l'homme imparfait, l'homme déplacé, l'homme dans le déſordre. Alors l'eſprit ſans reſſource & ſans eſpoir ne fera tout au plus que murmurer quelquefois de l'uſurpation de la chair; fatigué d'inutiles efforts, bientôt ſon unique reſſource ſera de s'étourdir du bruit des chaînes qu'il ne lui eſt plus poſſible de rompre, ſi celui-là ſeul qui l'avoit placé dans l'ordre, par une bonté qu'il ne lui devoit pas, ne les briſe lui-même, & ne l'y replace.

De ce que nous venons de dire, il ſuit néceſſairement qu'il y a eu dans l'homme, dès le moment & dès le premier inſtant de ſa création, une inégalité réelle & ſenſible; inégalité juſte & équitable, étant néceſſaire que le moins parfait & le plus parfait ſoient inégaux entr'eux. Or la matière eſt moins par-

faite que l'esprit ; il est donc indispensable d'admetre de l'inégalité entre la
matiére & l'esprit, inégalité tirée de
la nature de l'homme, inégalité autorisée par la loi naturelle & révélée, inégalité conséquente de la nature de l'homme, individuelle, comme à toute l'espéce, & dont M. Rousseau ne dit rien,
soit qu'il l'ait ignorée, ou qu'il crût
qu'elle n'influe point sur la question
qu'il se proposoit d'éclaircir ; inégalité
qu'il étoit cependant d'un préalable de
connoitre pour découvrir la source & l'o-
rigine de l'aparente inégalité qui régne
aujourd'hui parmi les hommes ; inégalité aparente dont l'espece n'est nullement
de la nature primitive de l'homme, mais
seulement relative, accidentelle & fille
du desordre dans lequel est tombé cette
même nature ; inégalité autorisée néanmoins comme la premiére par la loi naturelle, non pas en ce qu'elle fasse partie
ou qu'elle tire son origine de la nature de
création de l'homme, à qui elle est contraire, mais en tant qu'elle est le châtiment & la suite de ce même desordre.
Que l'homme eût resté dans l'ordre,
comme il l'auroit pu s'il eut voulu,
la premiére inégalité auroit toujours
subsisté comme dépendante de sa na-

ture ; au lieu que la seconde , seulement accidentelle & relative au désordre, n'auroit jamais existé , & ne feroit point aujourd'hui le sujet des difficultés que M. Rousseau se propose d'éclaircir , mais qu'il n'éclaircira jamais , faute d'avoir bien connu la première. En effet , s'il l'eût bien connue, la question étoit sur le champ résolue ; il auroit parti de cette inégalité première & de création, qui existe nécessairement & réellement entre la matière & l'esprit ; ces deux êtres, par un renversement monstrueux, une fois déplacés dans l'homme , il n'auroit pu disconvenir qu'il a dû s'ensuivre du desordre, & dans le désordre il auroit infailliblement trouvé la source & l'origine de l'inégalité actuelle parmi les hommes ; inégalité autorisée par la loi naturelle dans sa suite & ses effets , & non dans sa cause & son origine.

Ces deux sortes d'inégalités une fois bien constantes & démontrées, il sera aisé de faire voir la première entièrement dans la nature de l'homme comme en faisant partie, en tant qu'on ne peut concevoir un être composé de matière & d'esprit , sans concevoir de l'inégalité entre ces deux substances si différentes,

fans comprendre qu'elle eft propre &
particuliére à chaque individu, quoique commune à toute l'efpece ; qu'elle
eft fenfible par elle-même, indépendante des événemens, permanente, foit
que l'homme foit dans l'ordre ou dans
le défordre', pour le particulier comme
pour le général, ftable, invariable,
l'homme compofé tel qu'il eft ne pouvant exifter fans elle : la feconde au
contraire hors de la nature, indépendante d'elle, d'une origine bien différente : celle-là fille de l'ordre ; celle-ci
fille du défordre, feulement relative,
dépendante des événemens, accidentelle, momentanée, idéale, fenfible, non
par elle-même, mais uniquement par
comparaifon d'un individu à un autre
individu qui auroit pu ne pas être, fans
que l'homme en eût moins exifté. En
effet, tirez la comparaifon de l'état actuel
d'un individu à l'état d'un autre individu; fupofez pour un moment, ce qui cependant ne feroit pas impoffible, tous
les hommes péris à l'exception d'un feul;
la premiére inégalité exiftera toujours
dans ce feul homme, elle y fera toujours
fenfible, tandis que la feconde difpa-
roîtra faute de comparaifon ; preuve
donc que celle-ci n'a point fon origine

dans la nature de l'homme, quoiqu'au-torifée par la loi naturelle en tant que châtiment & fuite du défordre.

Voilà la vraie origine & la fource de l'inégalité parmi les hommes ; la voilà autorifée par la loi naturelle ; voilà la queftion qu'avoit à traiter M. Rouffeau, réduite à fon véritable état. Tel étoit, ce me femble, la route qu'il devoit pren-dre : voyons celle qu'il a prife.

« Pour réfoudre, ou plutôt éclaircir cette queftion, M. Rouffeau part d'un point qu'il prétend ne perdre jamais de vue ; c'eft de l'état primitif de l'homme, de fa nature originelle bornée au feul inftinct ou à l'avantage de s'aproprier celui des autres, n'en ayant peut-être aucun. Dans cet état cependant il dif-tingue l'homme de la brute par la puif-fance de fe perfectionner, puiffance qui eft la fource de l'artificiel dans la natu-re, du droit de propriété, de la focié-té, des maux, des biens, des vertus, des vices, des arts, des fciences, & en-fin de toutes les connoiffances, ou plu-tôt de tous les malheurs ; puiffance ex-périmentée par des hazards qui auroient pu ne pas arriver comme ils font arri-vés : préfent funefte de la nature à l'efpéce humaine, mal par effence &

non

non par l'ufage & l'abus que l'homme
en fait. L'état primitif borné au feul
inftinct ou à l'avantage de fe les aproprier tous, n'en ayant peut-être aucun ;
voilà les fondemens du fiftême de M.
Rouffeau : la faculté diftinctive de fe perfectionner, les hazards qui auroient pu
ne pas arriver comme arriver, fervant à
déveloper dans l'homme cette faculté
diftinctive des fupofitions, des conjectures ; en voilà les matériaux) Tout cela
n'eft-il pas bien folide, bien lumineux ?
Au moins l'Auteur de ce fiftême doit
le penfer. Voulez-vous voir clair ? vous
dit cet habile Philofophe, fermez-bien
les yeux. Apercevez-vous maintenant
ce bel édifice ? Non encore, lui direz-
vous. Qu'importe ? vous répondra-t-il,
fermez toujours bien les yeux, voilà l'ef-
fentiel ; je n'y ai pas vu plus clair que
vous, moi qui fuis l'Architecte ; il exifte,
je vous l'ai dit, vous devez m'en croire.
Oui, M. Rouffeau, il exifte dans votre
tête, & non ailleurs. Eft-ce maladie qui
tient notre Architecte ? on le plaint.
Eft-ce envie de ridiculifer ceux qui
auront la bonté de l'en croire ? en ce cas
il mérite le premier tout le mépris auquel il veut expofer leur crédulité.

 » Que mes lecteurs, *dit M. Rouffeau*

B.

» ne s'imaginent pas (1) que j'ose me
» flatter d'avoir vu ce qui me paroit
» si difficile à voir. J'ai commencé des
» raisonnemens ; j'ai hazardé quelques
» conjectures, moins dans l'espoir de
» résoudre la question, que dans l'in-
» tention de l'éclaircir & de la réduire
» à son véritable état. D'autres pou-
» ront aisément aller plus loin par la
» même route, sans qu'il soit facile
» à personne d'arriver au terme. Car ce
» n'est pas, *poursuit-il*, une legere en-
» treprise de démêler ce qu'il y a d'ori-
» ginaire & d'artificiel dans la nature
» actuelle de l'homme, & de bien con-
» noitre un état (*l'état primitif, l'état*
» *originaire*) qui n'existe plus, qui n'a
» peut-être point existé. « Par ce
peut-être qui n'a point existé, M. Rousseau révoqueroit-il en doute que l'espece humaine a commencé d'exister ? En
ce cas son sistême devient absurde ; car
pour bien juger de notre état actuel,
comment seroit-il nécessaire & pouroit-
on avoir des notions justes d'un état
qu'il convient lui-même n'avoir peut-
être jamais existé ? Y a-t-il rien de moins
dépendant, de moins lié que le néant
& la réalité ? Quelles conséquences tirer
de ce qui n'est pas à ce qui est. Mais ad-

mettons que par son *peut-être*, M. Rouſſeau ait voulu ſeulement faire entendre
que l'état primitif dans lequel il va repre-
ſenter l'homme, n'eſt qu'une ſupoſition, que ce n'eſt que par les lumieres
& par les avantages que cette ſupoſition procurera à l'humanité dans ſon
état actuel, que nous reglerons & la
reconnoiſſance & les éloges dus à ſes
reflexions. Alors je puis d'avance l'en
aſſurer, il n'y aura pas un de ſes Lecteurs
qui ne ſoit indigné de ce qu'il a préſu-
mé trouver parmi eux quelques admi-
rateurs. En effet, loin que notre état preſent puiſſe tirer quelque avantage de
l'état primitif qu'il invente, il y perd
tout. L'homme primitif de Rouſſeau
ceſſe de mériter ce nom, & plus nous
le mériterons, ſelon lui, plus nous ſe-
rons hommes. Telle eſt la merveilleuſe
découverte qui étoit réſervée à M. Rouſſeau ; changer toutes les notions ; ſub-
ſtituer les plus épaiſſes ténébres au jour
le plus éclatant ; placer la ſtupidité ſur
le thrône de la raiſon, c'eſt ſon projet.

M. Rouſſeau ne s'entendant pas lui-
même, à la différence des autres Ecri-
vains, triomphe lors qu'on ne l'entend
pas ; il ignore le terme auquel il tend,

& il voit avec complaisance que ceux qui le suivront, & iront plus loin que lui dans la même route, ne pouront atteindre aucun but.

Enfin M. Rousseau commence à entrer en matiére. » Je conçois, *dit ce Phi-*
» *losophe*, dans l'espece humaine (2)
» deux sortes d'inégalité ; l'une que
» j'apelle naturelle ou physique, par
» ce qu'elle est établie par la Nature,
» & qui consiste dans la différence des
» âges, de la santé, des forces du
» corps, des qualités de l'esprit ; l'au-
» tre, qu'on peut apeller inégalité mo-
» rale ou politique, qui consiste dans
» les différens priviléges dont quelques-
» uns jouissent au préjudice des autres,
» comme d'être plus riches, plus ho-
» norés, plus puissants. *Cependant,*
M. Rousseau, vous ne disconviendrez pas
» qu'il est aisé de voir (2) qu'entre
» les différences (ou inégalités) qui
» distinguent les hommes, plusieurs
» passent pour naturelles, qui sont uni-
» quement l'ouvrage de l'habitude &
» des divers genres de vie que les hom-
» mes adoptent dans la société. Ainsi un
» tempérament robuste ou délicat,
» la force ou la foiblesse qui en dépen-
» dent, viennent souvent plus de la

(2) Discours pa. I.

(3) Pag. 86.

» maniére dure ou éfféminée dont on
» a été élévé, que de la conftitution
» (naturelle) & primitive des corps.
» Il en eft de même des qualités de
» l'Efprit, elles dépendent plus de la
» culture que de la Nature. « M.
Rouffeau n'a-t'il pas bonne mémoire? il
eft vrai qu'il y a quatre-vingt fix pages
d'intervalle; le trajet eft affez long pour
ne pas fe fouvenir de ce qu'on a dit,
il y a fi long-temps; mais M. Rouffeau fe donnera encore plus d'un dé-
menti dans la fuite de fon Difcours.
Qu'il dife donc tant qu'il voudra le oui
& le non, je foutiendrai toujours
fans lui, qu'aucune de ces deux fortes
d'inégalités ne peut pas être dite plus
naturelle & établie par la Nature
que l'autre; qu'elles font deux ruif-
feaux dont la fource eft la même;
que dès qu'on a vû des différences dans
l'âge, la fanté, les forces & l'efprit,
on a vu des différences dans les richeffes, dans les puiffances, & dans les
honneurs; qu'elles font toutes deux en
quelque forte de convention par les
perceptions que nous avons, par les
idées que nous attachons aux chofes,
par les différences que nous avons mifes
entre être en fanté & n'y être pas;

être robuſte ou délicat, ſpirituel non
ſpirituel, puiſſant ou foible, riche ou
pauvre, honoré ou mépriſé. N'attachons aucunes idées à chacun de ces
états, tous les hommes ſeront égaux,
aucun d'eux ne s'apercevra jamais de
ces inégalités qui ne ſeront ſenſibles ni
aperçues que par la comparaiſon que
tel fera de ſon état à celui d'un autre,
ſelon les idées qu'il y attachera.

Pour que l'inégalité qui conſiſte dans
la différence d'âge, de ſanté, de forces,
&c. fût réellement une inégalité, il a
fallu qu'elle ait été ſenſible, aperçue,
au moins en ſi petit dégré qu'on voudra
ſupoſer, pour qu'elle pût être reconnue;
il a fallu faire la comparaiſon de tel en
ſanté avec tel en ayant moins. Pour
faire des comparaiſons, il faut avoir
des idées, des notions du plus d'avec le
moins, connues, réciproques, admiſes
& reçues par pluſieurs; mais comment
admettre des idées, des notions réciproques, connues, reçues par pluſieurs ſans
aucune ſociété, ſans communication?
Comment donc M. Rouſſeau peut-il
traiter d'inégalités naturelles, établies
par la Nature (lui qui ne ſupoſe la ſociété que bien poſtérieure à l'état primitif de l'homme) les différences d'âge,

de santé &c. qui n'ont pu être sensibles
& connues que dans & par la société,
quoique la cause pût bien lui être antérieure ? En effet s'il n'y avoit point de
relation, de communication entre les
hommes, non plus que les brutes n'ont
entr'elles, dans l'état primitif de l'espéce
humaine, il n'y a pu avoir aucune no-
tion, aucunes idées, aucune distinction
attachée entre les différens états d'âge,
de santé, de forces du corps, d'esprit,
&c. Tous les hommes donc étoient
égaux, ou du moins n'avoient aucune
connoissance de leur inégalité, ce qui
pour eux revenoit au même. Dans quelqu'état que l'homme fût, il le croyoit
égal à celui des autres de son espéce,
ou plûtôt ne croyoit rien ; aucune inégalité n'étoit connue ni sensible : telle
étoit leur nature commune ; tous étoient
également susceptibles d'être âgés, ma-
lades, exposés à perdre les forces du
corps ; tous donc assujetis à la même loi,
étoient en cela tous égaux & exposés aux
mêmes accidens. Donc quand même on
pouroit dire, selon la suposition de M.
Rousseau, que la cause & les effets qui
ont donné lieu à l'inégalité & aux différences d'âge, de santé, &c. & qui
les ont rendu sensibles, sont naturels,

établis par la nature, on n'en pouroit pas
dire de même de l'inégalité & de la différence diftinctive qu'ils occafionnent parmi les hommes, qui n'a pris fon origine
& qui n'a été fenfible & connue que dans
la fociété, par les idées qu'on a attachées
à ces caufes & aux différences dont on
eft convenu, pour diftinguer une chofe
d'avec une autre. Je pourois encore parler de la différence des qualités de l'efprit & de l'ame, que M. Rouffeau fou-
tient également naturelle & établie par
la nature dans des gens qu'il nous donne
comme bornés dans leur état primitif par
la nature, au feul inftinct, fi encore ils
en avoient un, fans parole, fans communication, par conféquent fans fociété.

L'homme borné au feul inftinct,
fans parole, fans domicile, fans liaifon,
avec fes femblables, tel a été l'homme
dans fon état primitif, felon M. Rouffeau; fans liaifon, fans parole, point de
fociété : donc la fociété a été bien pof-
térieure à l'état primitif de l'homme. Je
nie la majeure ; que M. Rouffeau me
prouve fa conféquence.

Dès le moment que l'homme a eu
des befoins, il y a dû avoir plus ou
moins de fociété ; l'homme a eu des
befoins dès le défordre du premier de
l'efpéce ;

l'eſpéce ; dès-lors il y a dû avoir une
ſociété ; ne fut-elle compoſée que de
deux, ce ſera toujours une ſociété : le
ſentiment intérieur & involontaire, indépendant de tous hazards, exiſtant
dans l'homme, ſentiment qui porte naturellement tout individu de chaque eſpéce à communiquer avec ſon ſembla-
ble, s'intéreſſer à lui, le ſecourir, lui
aider ; ſentiment, qui s'étend juſques ſur
les eſpeces même differentes ; ce ſentiment, dis-je, nous eſt garant & nous
prouve que ſi la ſociété n'eſt pas entié-
rement dévelopée dans la nature primitive de l'homme, elle y exiſte au moins,
quant à ſes fondemens. Je pourois dire
encore que la ſociété a ſon principe dans
la création même de l'homme, indépendamment des beſoins réciproques ſurvenus à l'homme par ſa chûte,
puiſque dans l'état d'ordre le Créateur donna une compagne au premier homme, ſans quoi il auroit pu le
créer capable de ſe reproduire par lui-
même ſans aucun beſoin de ſecond. Les
brutes même, de quelqu'eſpéce qu'elles ſoient, à l'exception ſeulement de
celles qui ſe produiſent par elles-mêmes,
nous fourniſſent encore une preuve invincible que la ſociété eſt dans la natu-

C

ré. Quelque sauvages & insociables que vous les trouviez à l'égard des espéces différentes d'elles, elles auront toujours un principe naturel de société dans leur espéce propre, les uns un peu plus, les autres un peu moins. Si la nature a créé des êtres dans lesquels elle a mis un penchant invincible à se réunir, on ne poura pas dire que la société n'a pas son principe dans la nature, & qu'elle est postérieure à l'état primitif ; on poura dire, tout au plus, qu'elle étoit moins dévelopée, moins sensible qu'elle n'a été par la suite, à cause de la multiplicité de l'espéce, & par conséquent de la multiplicité des besoins.

Qu'on remonte jusqu'à l'antiquité la plus reculée ; qu'on me montre le peuple le plus sauvage, j'y ferai toujours voir un principe, un germe de société, & les semences de l'homme civil, à la vérité moins dévelopés parmi eux que parmi nous. En un mot, qu'on cherche, soit dans l'espéce humaine, soit dans l'espéce brute, l'animal le plus insociable que l'on poura trouver, je ferai toujours remarquer dans lui une pente naturelle pour se communiquer, sinon avec les autres espéces, au moins avec la sienne ; sentiment intérieur, penchant invinci-

ble de la nature qu'on ne peut s'empê-
cher d'apercevoir à travers l'inclination
la plus féroce. Mal-à-propos donc M.
Rousseau, en transportant l'origine de
la société à un tems bien postérieur à
l'état primitif, la rend-il garante &
responsable des idées que nous avons
» de besoin, (4) d'avidité, d'oppression,
» d'orgueil, de desirs, &c. » idées dont
la réalité n'est point ailleurs que dans le
cœur de l'homme depuis son état de
désordre, & non de la société dans laquelle ils germent & se produisent, à la
vérité, plus aisément qu'ailleurs & à
proportion qu'elle est plus étendue ; elle
n'en est cependant ni la cause ni la mere.
En effet, l'idée d'une société d'hommes
exempts de ces affections, des ces penchans, de ces desirs, n'est nullement
contraire à la raison & à l'état primitif
& naturel de l'homme ; donc ces idées
d'oppression, d'avidité, de besoin, &c.
sont dans l'homme même qui compose
la société, & non dans la société elle-
même, en tant que société. La société
peut bien être une société de vicieux, de
méchans ; mais la société qui n'est rien
autre chose que cette relation, cette communication de l'homme avec l'homme,
pour s'aider réciproquement dans leurs

(4) Pag.

C 2

befoins, de quoi eft-elle coupable ? de quoi eft-elle refponfable ? Je le demande à M. Rouffeau & à tous autres. Soyons de bonne foi, notre propre cœur eft la fource feule de tous nos vices & de tous nos maux ; ne les tranfportons point injuftement ailleurs : fi nous fommes coupables, & vicieux, foyons au moins fincéres.

(5) P. 5.
» Il n'eft pas venu (5) dans l'efprit » des nôtres, *dit M. Rouffeau*, de dou- » ter que l'état de nature eût exifté, » tandis qu'il eft évident, par la lec- » ture des Livres Sacrés, que le pre- » mier homme, ayant reçu immédia- » tement de Dieu des lumiéres & des » préceptes, n'étoit point lui-même » dans cet état ; & qu'en ajoutant aux » Ecrits de Moïfe la foi que leur doit » tout Philofophe Chrétien, il faut » nier que même avant le déluge, les » hommes fe foient jamais trouvés » dans le pur état de nature, à moins, » *dit-il*, qu'ils n'y foient retombés par » quelqu'évenement extraordinaire. » M. Rouffeau eft-il un Philofophe Chrétien ? Eft-il bien perfuadé que l'homme n'ait jamais été dans l'état de pure nature ? S'il en étoit perfuadé, comment auroit-il ajouté, *à moins qu'ils n'y foient*

retombés par quelqu'événement extraor-
dinaire ? Comment peut-on faire retomber quelqu'un dans un état dans
lequel il n'auroit jamais été ? Ce *retom-*
ber supose nécessairement un retour
d'un état où l'on est à un état antérieur
duquel on étoit sorti : mais comment
y retomber, si suivant les Livres Sacrés
& la foi qu'on doit aux Ecrits de Moïse, l'homme n'y a jamais été ? *Para-*
doxe (6) *fort embarrassant à défendre, &*   (6) Pag.
tout-à-fait impossible à prouver, ajoute   6.
M. Rousseau : je le crois, & j'en suis
pour le moins aussi persuadé que lui. M.
Rousseau va cependant prendre son
parti : il faut le prendre, bon ou mauvais, qu'importe ? Il vient de vous dire
qu'il étoit évident par les Livres Sacrés,
les Ecrits de Moïse, que l'homme n'a-
voit jamais été dans l'état de nature :
ce n'est pas-là le corps de Religion de
M. Rousseau ; il va vous en donner un
de nouvelle édition, par lequel on vous
ordonne de croire que Dieu (7) *lui-même*   (7) Pag.
ayant tiré les hommes de l'état de nature,   6.
ils sont inégaux, parce qu'il a voulu qu'ils
le fussent. Cela est de foi chez M. Rousseau ; pour nous, nous pensons au contraire qu'il répugne à la bonté du Créateur de croire qu'il ait créé l'homme

C 3

dans les vues & pour la fin qu'il le
créoit, inégal à fes femblables, ou inégaux entr'eux: bien loin de l'ordonner,
on nous enfeigne que ce n'eft point feulement parce que Dieu l'a voulu, que
les hommes font inégaux ; qu'ils auroient bien pu être tous égaux, s'ils l'a-
voient voulu, & qu'ils l'auroient été
en effet, s'ils fuffent reftés dans leur
ordre de création ; que ce n'eft point
dans Dieu une volonté pure & fimple, mais conféquente & feulement
relative au défordre arrivé à la nature
de l'homme par la chute du premier
& par fa défobéiffance volontaire ;
qu'elle n'eft en un mot dans Dieu qu'une
volonté de juftice, de punition, de
châtiment.

La réligion de M. Rouffeau lui per-
met encore « de former des conjectures (8) tirées de la feule nature de
» l'homme & des êtres qui l'environ-
» nent ; » la nôtre au contraire nous défend toutes conjectures qui nous portent ou pouroient nous porter à des conféquences fauffes : la nature de l'homme & celle des êtres qui l'environnent,
font entr'elles naturellement & effen-
tiellement différentes. Si telles conjectures que l'on tire, les comparaifons n'en

(*) pag.
7.

peuvent être que fausses, les conséquences qui en résulteront ne pouront jamais
être aussi que fausses, « sur ce qu'auroit
» (9) été & pu devenir le genre hu-   (9) Ibid.
» main, s'il avoit été abandonné à lui-
» même. » Il en auroit résulté un monde de matérialités, ou tout au moins il
auroit été ce que font les brutes, &
n'auroit point eu d'autre destinée. La
belle découverte ! Ce n'étoit pas la peine que M. Rousseau nous étalât les
beaux privilèges de fa religion ; elle
pouroit convenir aux Epicuriens, mais
elle ne mérite ni d'avoir pour « juges
» les Platons (1) & les Xénocrates, ni   (1) Ibid.
» tout le genre humain pour audi-
» teur. »

   L'homme, comme je l'ai déja dit,
est un composé de deux substances,
l'une spirituelle, l'autre matérielle ;
unies ensemble, elles font ce qu'on
apelle l'essence de l'homme ; désunies,
l'homme n'est plus : ce ne sera d'un
côté qu'un peu de matiere, de l'autre
qu'un être à la vérité spirituel, réellement existant, mais qui ne sera jamais
un homme. Unies ensemble, l'homme
existe ; désunies, l'homme n'existe plus.
Quiconque donc voudra parler de l'une
sans l'autre, ne parlera point propre-

ment de l'homme, mais seulement d'une des substances dont il est composé. S'il ne le presente que du côté de la matiere, l'homme n'aura que les qualités & les propriétés de la matiere; s'il ne le considére que par raport à l'ame, l'homme n'aura que les qualités & les propriétés d'un être spirituel & pensant; division, source de mille erreurs, défaut dans lequel est tombé M. Rousseau. Après avoir lu tout entier son Discours, on ne sçait pas encore s'il y a dans l'homme autre chose que matiere, & s'il a une ame pensante & spirituelle, ou si la matiere lui en tient lieu; il suprime généreusement tout ce qui a raport à l'ame distinguée de la matiere, cette partie la plus noble de l'homme, cet être spirituel, pensant & capable de réflexion par lui-même; ou il coule si légérement par dessus, qu'à peine s'en aperçoit-on. Il vous dira bien que l'homme a la faculté de se perfectionner, qui supose chez lui la raison; mais il ne vous dira point si c'est à la matiere de l'homme qu'a été donné la faculté de se perfectionner par elle-même, ou à une autre substance, qui ayant reçu immédiatement du Créateur la faculté

de se perfectionner, la communique à
la matiere & la perfectionne elle-même:
c'est ce que M. Rousseau auroit dû faire, & ce qu'il n'a pas fait. En effet,
par où commence-t-il pour parler de
l'homme? Après l'avoir gratuitement
& seulement suposé dans son origine
conformé comme il est, « marchant
» à deux pieds (2), se servant de ses
» mains, ses regards dirigés vers le
» Ciel, contemplant toute la nature: »
suposition chez lui qui vous laisse par
conséquent la liberté d'en faire une autre, & de suposer au contraire dans cet
état primitif, « si ses ongles (3) alongés
» ne furent point d'abord des griffes cro-
» chues; s'il n'étoit point velu comme
» un ours; si marchant à quatre pieds,
» ses regards dirigés vers la terre, &
» bornés à un horison de quelques pas,
» ne marquoient point à la fois le carac-
» tére & les limites de ses idées. »
Moyennant une suposition, M. Rousseau n'examinera rien; il vous laissera
le choix & la liberté de mettre en problême, lequel des deux a été le plus
prudent & le plus sage, du Créateur
ou de la Créature; si nous avons été
conformés de tout tems par le Créa-

(2) Pag. 11.

(3) Pag. 10.

teur comme nous sommes aujourd'hui,
ou si la Créature , en corrigeant &
rectifiant l'ouvrage du Créateur , s'est
procuré elle-même cette conformation
qu'elle n'avoit pas dans son origine ,
comme la plus commode , la plus proportionnée à ses besoins , à ses usages ,
& la plus propre à sa maniere d'être ;
problême qui ne paroîtroit pas indigne des Aristotes , des Plines , des
Spinosa de notre siécle , sans oublier
M. Rousseau lui-même , mais que nous
n'envisagerions qu'avec horreur & fré-
missement.

Après cette généreuse suposition de
l'homme , conformé de tout tems comme il l'est actuellement , pour considérer l'homme tel qu'il a dû sortir des
mains de la nature , M. Rousseau le
dépouille d'abord de tous les dons surnaturels « qu'il a pu recevoir (4) , &
» de toutes les facultés artificielles qu'il
» n'a pu acquérir que par de longs
» progrès ; » cela l'incommodoit :
mais de quel droit , pour considérer
l'homme tel qu'il a dû , selon lui , sortir des mains de la nature , veut-il ici
qu'on le dépouille des dons surnaturels
qu'il a pu recevoir ? Qu'il le dépouille

(4) Pag.
12.

donc plutôt de sa qualité d'homme :
dès-lors privé des dons surnaturels, il
ne différera en rien des brutes, puisqu'eux seuls l'en distinguent. Est-ce à
cet état que M. Rousseau veut qu'on
réduise l'homme ? Ce n'en sera plus un.
Est-ce dans cet état qu'il prétend qu'il
a dû sortir des mains de la nature ?
On lui soutient que non ; ou il seroit
sorti des mains du Créateur, non un
homme, mais une bête semblable aux
brutes qui l'environnent, & duquel la
vérité n'auroit pas pu dire, qu'il a été
fait à l'image du Créateur. En un mot,
cet être une fois dépouillé des dons surnaturels, il faudra nécessairement le dé-
pouiller de cette substance spirituelle
qui pense en lui, créée pour l'immortalité, le plus beau des dons du Créateur, la partie qui constitue le plus
essentiellement l'homme, & sans laquelle l'homme n'est point homme.

   L'homme ainsi dépouillé des dons
surnaturels, que restera-t-il à M. Rousseau & à ceux de sa trempe ? La matiere. On sçait qu'ils y ont beaucoup de
penchant & qu'ils en feroient volontiers
le dogme le plus chéri de leur croyan-
ce, si le témoin irréprochable & involontaire qui les suit par-tout, ne les aver-

tiſſoit pas ſans ceſſe du contraire. Qu'ils
ſoient de bonne foi, ils avoueront ſans
peine que ce qu'ils ſentent au dedans
d'eux-mêmes n'eſt point matiere & en
eſt indépendant ; parce que ſans lui ils
n'auroient aucune connoiſſance diſtincte
de la matiere ; que ſans lui ils ne ſçau-
roient pas comment ils exiſtent, & même s'ils exiſtent.

Nous croyons que le Créateur, en
créant les brutes compoſées de la ſeule
matiere, ne leur donna en conſéquence
que l'inſtinct pour les conduire, leur
faire chercher leur conſervation, fuir
& éviter tout ce qui pouroit y être contraire ; mais cela ne ſuffit pas. On me
demandera peut-être ce que c'eſt que
l'inſtinct ; j'avoue que la queſtion eſt
embarraſſante, problématique : tout ce
ce que je puis dire, ſans cependant rien
décider, c'eſt que l'inſtinct, ſelon moi,
eſt une faculté particuliere propre à
toute matiere organiſée & proportionnée par le Créateur à ſa maniere d'or-
ganiſation ; que cette faculté* n'eſt elle-

* Je dis faculté qui n'eſt ni matiere ni eſprit,
parce que pour être propre à la matiere, il ne
s'enſuit pas qu'elle ſoit matiere ; comme une faculté pour être propre à l'eſprit & à l'ame, il ne
s'enſuit pas qu'elle ſoit de l'eſſence ſpirituelle : par
exemple, le mouvement eſt une faculté dont la

même ni esprit ni matiere ; ni matiere,
en ce qu'elle est distincte de la matiere,
puisqu'elle la conduit, la conserve, lui
fait éviter tout ce qui pouroit lui nuire, rechercher ce qui lui est utile &
nécessaire ; ni esprit, en ce qu'elle n'a
aucune des qualités, des propriétés de
l'esprit ou de l'ame dont l'homme est
doué, puisqu'elle n'est point susceptible
intérieurement & par elle-même de
penser, refléchir, raisonner, agir en
conséquence, ne nous en donnant aucunes preuves extérieures autres que
celles qui, comme je l'ai déja dit, ten-
dent à la conservation, à la conduite
de la matiere organisée. L'instinct borné, renfermé, dépendant de la matiére organisée, propre à la matiere organisée, ne subsistera qu'autant que l'organisation de la matiere subsistera ;
l'organisation cessant, l'instinct cessera
d'exister. L'esprit au contraire n'a nul
besoin de la matiere pour subsister : ce
qui pense dans l'homme n'est ni borné,

matiere est susceptible ; on ne pouroit pas dire
cependant que le mouvement est matiere, mais
seulement une faculté propre à la matiere : la pen-
sée est une faculté de l'ame, elle n'est cependant
pas l'ame : il en est de même de l'instinct, il est
une faculté uniquement propre à la matiere organisée par le Créateur.

ni entierement renfermé par la matiere ; cet être indépendant exiftera toujours indépendamment de la matiere
& hors la matiere, telle eft fa nature
de création. L'inftinct peut être ce que
le toucher eft à un inftrument de mu-
fique, qui rend des fons, des accords
plus ou moins harmonieux, plus ou
moins gracieux, que l'inftrument eft
bien ou mal organifé ; plus graves,
plus aigus, plus confonnans, plus dif-
fonans, fuivant & felon la maniere &
la pofition des doigts qui le touchent,
ou des corps qui l'aprochent. L'inftinct
enfin dans le particulier eft un effet im-
médiat & néceffaire de la Providence
qui agit fur la matiere organifée, conformément à fes loix & à fes deffeins :
il eft en général ce fouffle de vie dans
la matiere organifée de la brute comme
de l'homme, qui n'eft homme cependant que parce qu'à cette matiere organifée eft uni un efprit, une ame, un
être penfant qui le diftingue, fans lequel la matiere organifée, ainfi qu'elle
eft dans l'homme, pouroit vivre, pouroit être en mouvement ; fans lequel
à la vérité il ne pouroit pas être un
homme, un homme penfant, parce que
faute de cette qualité il feroit femblable

à la brute, borné comme elle au seul instinct, & réduit à la même destinée.

La brute n'étant que la matiere seulement organisée, il ne lui a fallu que l'instinct, la seule chose nécessaire pour sa conservation & pour la conduire, tant que l'harmonie des organes subsistera. L'homme au contraire créé & composé de deux substances, de la matiere & d'un être tout spirituel, il a été de la bonté & de la sagesse du Créateur de lui avoir donné deux guides ; l'instinct pour guider chez lui la matiere, l'avertir de tous ses besoins, veiller à sa conservation ; la raison, comme ayant dans lui autre chose que matiere, l'être spirituel. La bête donc comme toute matérielle n'a qu'un guide, l'instinct. L'homme composé d'esprit & de matiere en a deux, la raison & l'instinct. Si l'homme réellement n'eût été que de la même nature des bêtes, s'il n'avoit pas une autre destinée, si le but du Créateur en le formant, n'avoit été que de le borner à la terre, comme les autres animaux, inutilement lui auroit-il donné pour guide la raison ; l'instinct seul lui auroit suffit comme à eux. Donc puisque Dieu qui ne crée rien inutilement, a

donné à l'homme, outre l'inftinct, l'ufage de la raifon, il s'enfuit néceffairement
qu'il eft d'une autre nature que les bêtes,
qu'il a une autre deftinée qu'elles, & que
le Créateur en le formant, a eu un autre
but, un autre deffein qu'il n'a eu, lorfqu'il les a créées. Ce ne font pas-là les
conféquences des raifonnemens de M.
Rouffeau, fes réflexions vont & péné-
trent bien au delà. Non content d'a-
voir dépouillé l'homme de la raifon, en
le dépouillant des dons furnaturels, il
prétend encore le faire fortir des mains
de la nature, privé même de la faculté
qu'il accorde aux autres animaux.
L'homme non-feulement felon lui n'a-
voit point de raifon dans fon état d'origine ; il n'avoit pas même d'inftinct.
Qu'on m'explique ce que peut être un
être privé de raifon & d'inftinct ; ce fera
l'homme de M. Rouffeau. Ce n'eft pas
tout encore ; le plus extraordinaire, &
ce qu'on ne comprendra pas aifément
fans quelque commentaire, c'eft que
dans le moment qu'il refufe à l'homme
les feules marques diftinctives d'un être
vivant, il lui fupofe de la réflexion & la
faculté d'agir en conféquence. Laiffons-
le lui-même s'expliquer : le phénomene
en

en fera plus beau, étant dans tout fon jour.

» Les hommes *(dépouillés des dons* » *furnaturels)* difperfés (1) parmi les (1) P. 13. » animaux, obfervent, imitent leur in- » duftrie, & s'élévent ainfi jufqu'à l'inf- » tinct des bêtes, avec cet avantage que » chaque efpéce n'a que le fien propre, » & que l'homme n'en ayant peut-être » aucun * qui lui apartienne, fe les apro- » prie tous. » Les hommes donc dif- perfés parmi les animaux, fans raifon, » peut-être fans inftinct, obfervent & » imitent leur induftrie. » Pour obfer- ver & imiter, il faut réfléchir ; pour ré- fléchir, il faut qu'il y ait quelque chofe dans nous qui réfléchiffe, qui nous porte à imiter. Ce ne fera point inftinct, ce ne fera point raifon ; que fera-ce donc ? Quel nom, M. Rouffeau, donnerez- vous à cette caufe qui agit fur nous, & dans nous, qui nous porte à obferver & imiter ? C'eft un avantage donné par la nature « à l'homme, n'ayant peut- » être point d'inftinct, de s'aproprier » tous ceux des autres efpéces. » Je fçai bien que faire fon propre du bien d'au- trui eft un avantage permis ou condam-

* Que de modeftie dans M. Rouffeau.

D

nable, suivant les circonftances. De
quelle efpéce eft l'avantage de votre fupofition ? Vous nous le direz peut-être.
En attendant nous allons paffer outre.

On ne niera pas à M. Rouffeau que
l'induftrie naturelle à l'homme n'ait pu
être la mere de la moleffe & de la non-
chalance ; mais on ne conviendra pas
avec lui que ce foit-là fa fin principale.
Le mauvais ufage & l'emploi déplacé,
rendent fouvent mauvais ce qui eft bon
par lui-même. Les alimens font néceffaires pour foutenir l'homme ; pris en trop
grande quantité, ils occafionnent fouvent la mort. Conclura-t-on de-là qu'il
ne faut point prendre d'aliment ? qu'ils
font mauvais ? On en conclura tout au
contraire que les alimens par eux-mêmes bons & néceffaires, n'ont caufé la
mort que par le trop & par l'excès qui eft
réellement un mal. L'induftrie étoit néceffaire à l'homme pour fupléer à ce qui
lui manquoit du côté de la nature, pour
remédier aux befoins contre lefquels
elle ne l'avoit pas prémuni ; c'eft un
prefent que cette même nature lui a fait
pour le dédommager au centuple de ce
qui lui manquoit, & de ce qu'elle avoit
abondamment fourni aux autres efpéces; c'eft en quelque forte chez lui une

feconde nature, qu'on pouroit dire fu-
bordonnée à la premiere, réglée, mife
en ufage à propos. L'homme avec elle
a tout fon néceffaire, ne manque de
rien : mais elle ne lui a été nullement
donnée pour le fuperflu. Qu'on crie tant
qu'on voudra contre lui, on aura raifon :
je dirai même qu'il eft vraiment dans
l'induftrie, l'ennemi de la nature ; qu'il
ôte la force & l'agilité de l'homme ;
qu'il eft la fource de bien des maux.
Crier contre l'induftrie en général, en
tant qu'induftrie, ce n'eft pas avoir du
difcernement, c'eft crier contre la nature elle-même.

Les befoins qui de tous côtés ont
attaqué l'homme après fa chûte, l'ont
mis pour fa propre confervation dans
la dure obligation d'y chercher des re-
remédes ; cette obligation a produit la
néceffité, la néceffité l'induftrie. Les
hommes fe font multipliés, avec eux les
befoins, non pas tant à la vérité par raport à chaque individu en particulier, que
par raport à toute l'efpéce en général.
Telle partie de terrein a pu fuffire à dix
hommes pour y trouver leur nouriture,
& de quoi fe mettre à l'abri, s'enfuit-il
de-là qu'elle poura fuffire à cent ? non :
il a donc falu, vu la multiplicité, défri-

cher, pour trouver dans le sein de la terre des ressources qu'elle ne fournissoit pas assez abondamment d'elle-même. Tel ne se servoit que de branches que sa main robuste rompoit aisément, qui n'en trouvant plus, a été obligé par la nécessité d'inventer un instrument pour attaquer le corps de l'arbre; ainsi du reste. Qu'on mette aux prises souvent un homme destitué, si vous le voulez, de ces machines prétendues, mais robuste, avec un sauvage, mais plus foible de tempérament, nous verrons bientôt si la nécessité de sauver son individu, n'obligera pas, peu à peu, notre sauvage à devenir industrieux; preuve que l'industrie est dans la nature même de l'homme, & que l'abus de cet avantage est seulement dans la dépravation de son cœur, & non dans sa nature.

» Si la nature (2) nous a destinés à
(2) P. 22. » être sains, j'ose presque assurer,
» *dit M. Rousseau*, que l'état de réflexion est un état contre nature, &
» que l'homme qui médite est un animal dépravé. » Que prétend M. Rousseau, en tirant d'un principe particulier des conséquences aussi générales? Quel est son but? Que veut-il dire? D'un côté la réflexion & la méditation

n'est-elle utile & nécessaire à l'homme
que pour la seule conservation de son
individu? Certes il n'en a pas même besoin, puisque la bête sans cette réflexion
& cette méditation y veille aussi surement que l'homme. La réflexion & la
faculté de méditer n'étant donc nulle-
lement nécessaires à l'homme pour conserver chez lui l'être matériel, le seul
instinct lui suffisant comme à la brute,
d'ailleurs ne s'étant point donné ces facultés, & le Créateur n'ayant rien donné inutilement à la créature, il en résulte nécessairement qu'il y a chez
l'homme un autre être que le matériel
pour la régle & la conduite duquel les
facultés de réfléchir & de méditer ont
été données à l'homme, comme faisant
le propre, le caractére, & partie de
cet être qui pense, réfléchit & médite
en lui; au lieu qu'n'y ayant dans la bête
rien que de matériel, l'instinct seul a dû
lui suffire; à moins que M. Rousseau ne
prétende, sans aucune exception, que
tout animal qui réfléchit, qui médite
conformément à sa qualité d'agent raisonnable, d'agent libre, comme doué
d'une ame spirituelle, dégagée de toute matiére, est dans l'ordre de la nature un animal dépravé, un être contre

nature, un vrai monftre enfin : mais en
ce cas il auroit la bonté de nous dire
dans quelle langue il a puifé l'art de faire
de pareilles apologies. D'un autre côté,
fi par cet état de réflexion il entend les
précautions fouvent inutiles, quelquefois même dangereufes que nous pre-
nons mal-à-propos pour nous conferver
une fanté à laquelle la nature nous avoit
deftinés, précautions qui ne font que le
fruit d'une fauffe réflexion ; qu'il s'explique, on l'entendra.

N'admettre dans la nature de l'homme que deux fortes de maladies naturelles, l'enfance & la vieilleffe ; rendre
la fociété réfponfable de tous les autres
genres de maladies, ainfi que fait M.
Rouffeau, c'eft ne pas connoître la nature actuelle de l'homme. Tout homme
fauvage ou civil, porte naturellement
dans lui, depuis le premier defordre,
la fource, le germe de toutes les maladies poffibles. Comme condamné à la
mort, le corps de l'homme par fa conftitution peut varier felon les climats, les
intempéries de l'air, les différens acci-
dents, tous très-naturels, indépendamment d'aucunes fociétés : un air plus raré-
fié ou plus condenfé va fur le champ aporter de la variation dans l'ordre des par-

ties qui le composent; variation plus ou
moins grande que ces parties seront plus
ou moins affectées; variation occasion-
née encore par le peu ou le trop de
transpiration, par de mauvaises sécre-
tions, par une disposition naturelle à recevoir avec trop d'abondance les corps
hétérogênes & putrides que l'air charie:
ces corps portés avec l'air par la respira-
tion dans le poumon, du poumon au
cœur, du cœur distribués dans les arteres, des arteres dans les veines, se
mêlent avec le sang, y séjournent, s'y
corrompent, & deviennent nécessairement un levain qui par la suite met
toutes les liqueurs en fermentation,
augmente leur pesanteur, & les porte
d'autant plus à se corrompre, qu'il di-
minue l'activité des esprits animaux.
Cette activité naturelle des esprits animaux une fois rallentie & diminuée, il
arrive qu'ils ne peuvent plus comme auparavant se débarrasser des superfluités
qui les surchargent, ou s'ils le font, ce
ne sera qu'avec peine & en desordre;
de-là des tiraillemens, des secousses
dans toutes les parties de la machine,
secousses si violentes quelquefois qu'elles la détruisent pour toujours.

J'avouerai cependant que souvent no-

tre senfualité, notre délicatesse, nos excès nous caufent bien des maux que nous
n'éprouverions pas ; excès qui occafionnent dans nous la fermentation du germe de mort, excès inconnus aux bêtes,
en cela plus raifonnables que nous, en
cela moins infirmes ; excès de l'homme
civil à la vérité, & non de la fociété,
qui comme les intemperies de l'air, les
différentes conftitutions de tempérament & tous les autres accidens, peuvent bien être la caufe occafionnelle des
maladies de l'homme, mais jamais la
caufe naturelle & originelle, qui ne
peut être ailleurs que dans ce germe,
& ce levain de mort, deftructeurs de fes
parties animales, & que l'homme depuis
fa chûte nourrit toujours en lui. En effet, combien d'enfans meurent fans
avoir jamais ufé de la vie civile, avant
même d'entrer dans le monde ? Mais,
dira-t-on, ils tiennent leur mauvaife
conftitution de leurs parens qui vivent
dans la fociété. Je foutiens, moi, que
proportion gardée il en meurt autant
chez les fauvages & chez les autres animaux que parmi les hommes civils. M.
Rouffeau me répondra qu'à l'égard des
enfans qui meurent avant d'avoir ufé
de la vie civile, ou parmi les fauvages
» la

(3) P. 14

» la nature (3) en ufe comme la loi de
» Sparte avec les enfans des citoyens ;
» elle rend forts & robuftes ceux qui
» font bien conftitués, elle les confer-
» ve, & fait périr les autres. » Mais
pourquoi, dirai-je, voulez - vous que
cette nature n'ait ce droit qu'à l'égard
des enfans ? pourquoi ne voulez-vous
pas qu'elle faffe périr les hommes vivant
dans la fociété civile ou fauvage, dans
un âge plus ou moins avancé, fuivant
fes deffeins, & felon qu'il lui eft le plus
avantageux, conformément à fes loix ?
Preuve donc que tous les hommes, fans
diftinction, ont dans chacun d'eux un
principe de mort, de deftruction, &
par conféquent de toutes les maladies
poffibles ; principe très-naturel, indépendant de la fociété, qui fermente
chez eux plus ou moins dans un tems,
ou dans un autre ; plus tôt chez celui-ci,
plus tard chez celui-là, fuivant les occafions qui fe rencontrent ; occafions
néanmoins toujours difpofées & pré-
parées par la nature avec fageffe & prudence.

   » La nature traite (4) tous les ani-
» maux abandonnés à fes foins avec une
» prédilection qui femble montrer com-
» bien elle eft jaloufe de ce droit. »

(4) P. 25.

E

Donc l'homme, fait conclure M. Rouſſeau, ayant ceſſé de s'abandonner à ſes
ſoins, a juſtement mérité que, ſi la
nature ne l'a pas abandonné tout à-fait,
elle en ait pris un ſoin bien moins particulier que des autres.

Il eſt vrai que la nature ſemble toujours prendre plus de ſoin des animaux
qui ne paroiſſent confiés qu'à elle ſeule;
mais pourquoi cela nous paroit-il ainſi?
En voici la raiſon; la nature dans
ceux-ci agit plus à découvert & par
elle-même, au lieu que dans ceux-là
elle agit plus en ſecret, quoique non
moins ſurement. Les uns nous paroiſſent conſervés par les ſeuls ſoins de
la nature, abandonnés qu'ils y ſont;
les autres ſe conſervent par les qualités
& les facultés que cette même nature
leur a accordées, par des reſſources
qu'elle a voulu leur être particuliéres.
Ce ſera toujours la même nature qui
aura pourvu à la conſervation des uns
& des autres; ce ſera toujours une ſuite
des effets de la même Providence qui
veille également ſur toutes ſes créatures.

Au premier coup d'œil, l'homme,
du côté de l'animal, eſt celui de tous
qui paroit le plus abandonné de la na-

ture * : les autres animaux font par fes uniques foins garantis des intempéries de l'air, des rigueurs des faifons & des climats, par des peaux velues, des toifons, des plumages. L'homme feul, nud & fans aucune défenfe naturelle, y eft expofé ; les autres animaux font tous, fuivant leur efpéce, pourvus par elle d'armes offenfives & défenfives : les uns ont les cornes, les autres les griffes ; ceux-ci la gueule, ceux-là les pieds ; celui-ci une peau dure, celui-là des écailles ; chacun d'eux a & porte par-

* Cujus (hominis) caufa videtur cuncta alia genuiffe natura magnâ & fævâ mercede contra tanta fua munera ; ut non fit fatis æftimare, parens melior homini, an triftior noverca fuerit. Ante omnia unum animantium cunctorum alienis velat opibus : cæteris varie tegumenta tribuit, teftas, cortices, coria, fpinas, villos, fetas, pilos, plumam, pennas, fquamas, vellera. Truncos etiam arborefque cortice, interdum gemino, à frigoribus & calore tutata eft. Hominem tantum nudum, & in nudâ humo, natali die abjicit ad vagitus ftatim & ploratum, nullumque tot animalium aliud ad lacrimas, & has protinus vitæ principio. *Plin. Hift. natur L. 7. Proëm.*

Seneca Philof. refponfio.

Quifquis es iniquus æftimator fortis humanæ, cogita quanta nobis tribuerit parens nofter, quanto valentiora animalia fub jugum miferimus, quanto velociora confequamur, quam nihil fit mortale non fub ictu noftro pofitum. Tot virtutes accepimus, tot artes, animum denique, cui nihil non eodem quo intendit momento pervium eft fideribus velociorem, &c. *Seneca Philof. de Benef. L. 2. c. 29.*

E 2

tout avec lui fa défenfe ; l'homme feul
dénué de tout , fans fecours du côté
de la nature contre les attaques de fes
pareils & des animaux, ne paroit être
né que pour être la victime de leur fé-
rocité , & devenir leur proie. La nature fournit elle-même aux autres animaux tout ce qui eft néceffaire à leur
fubfiftance ; par-tout elle leur offre la
nourriture : des pâturages pour ceux-ci,
du gland , des fruits pour ceux-là , &c.
l'homme feul ne la trouve nulle part,
la terre abandonnée à fa fertilité naturelle n'aura pour lui que des ronces &
des épines. Si quelques fruits, quelques
racines s'offrent pour lui fervir de nourriture , obligé qu'il fera de les partager
avec les autres animaux à qui ils feront
communs, il ne reftera pas à fon efpéce
le demi-quart de ce qui lui eft néceffaire pour fa fubfiftance. Cruelle nature ! vous écrierez-vous peut-être à ce
portrait , pourquoi l'homme eft-il donc
du nombre de tes ouvrages , fi tu n'en
prends pas plus de foin ? Déteftable ma-
râtre ! dans la production de l'homme,
n'aurois-tu donc uniquement cherché
que le plaifir de le produire, fans deffein de le conferver ? Aveugle nature !
continuerez-vous, les autres animaux

ont-ils plus de perfections que l'homme pour abandonner celui-ci, & prendre tant soin de ceux-là? Arrêtez blafphémateurs! ouvrez les yeux, connoiffez mieux la nature, connoiffez mieux l'homme : vos préventions s'évanouïront, vos plaintes cefferont. Non, ce n'eft point parce que les autres animaux font plus parfaits, que la nature en prend elle-même un foin fi particulier, & paroît aller au devant de tous leurs befoins : fi elle en paroit prendre un foin fi particulier, c'eft que l'homme a été créé plus parfait & plus fini qu'eux ; c'eft qu'ils ont été créés bornés au feul inftinct, & qu'il ne pouvoit feul leur fuffire pour remédier à tous leurs befoins : que l'homme au contraire a été créé tel, qu'il pouvoit par lui-même trouver & s'apliquer les remédes qui pouvoient lui manquer. Ainfi tout eft compenfé dans la nature : l'homme a la raifon, la réflexion, l'induftrie; qu'il s'en ferve ; avec eux rien ne lui manquera, s'il veut les employer à propos : la brute n'ayant eu en partage que l'inftinct, faculté bornée qui ne peut s'étendre & remédier généralement à tous fes befoins, la nature y fuplée par elle-même.

L'homme créé comme il étoit avec
une ame toute spirituelle, d'un ordre
bien plus distingué que celui des bêtes,
il étoit juste qu'en sa qualité d'agent
libre, la nature voulut qu'il tirât de
lui-même le reméde à tous ses besoins,
qu'il les sentît, qu'il les connût & qu'il
pût y pourvoir ; besoins à la vérité bien
plus multipliés & bien plus difficiles à
satisfaire & à régler depuis le desordre
du premier homme. Exposé aux injures de l'air, ne trouvant presque
jamais sa subsistance présente; sujet aux
maladies, il a fallu qu'il ait fait usage
de ses forces, ou se résoudre à périr.
Comment se résoudre à ce dernier parti qui violente l'amour naturel & invincible de son existence ? La nécéssité
chez lui a donc produit la réflexion,
& la réflexion l'industrie ; par son secours il s'est bâti des cabanes pour se
mettre à couvert des injures de l'air, il
s'est forgé des armes pour se défendre,
& attaquer les autres animaux ; par elle
il les a vaincus & les a assujétis ; c'est
elle qui dans leur peau lui a fait trouver un abri contre le froid ; avec elle
il a fait sortir en abondance du sein de
la terre une subsistance qu'elle parois-
soit lui refuser, ou au moins ne lu

donner qu'à regret & infuffifamment.
L'homme le plus dénué de tout en aparence, le plus maltraité de la nature,
eft réellement le mieux traité. Avec
l'induftrie employée à propos il ne manque de rien, il a tout ce qui lui faut,
il eft enfin le roi & le maître de toute
la terre. Hommes ingrats! de quoi vous
plaindrez-vous encore?

M. Rouffeau peut tant qu'il voudra
au fein de l'abondance prêcher le mépris des richeffes, traiter d'inutilités
les effets de l'induftrie des hommes; fans
cette induftrie fon efpece n'auroit pu
fubfifter: fi elle eût été inutile pour
un particulier de l'efpéce qui auroit été
dépourvu de raifon, elle ne le feroit
jamais à l'égard de l'efpéce en général,
qui d'un commun accord ne fe con-
ferve que par elle. Qu'il faffe l'expérience du contraire; qu'en nous vantant le
bonheur du tems antérieur à ces inutilités, il fe rende donc heureux le premier, en s'en paffant s'il lui eft poffible. Mais M. Rouffeau me répondra
que cet état primitif n'eft plus, qu'il
n'a peut-être jamais exifté, & probablement qu'il n'exiftera jamais. A quoi
bon donc nous en parler? Tout Ecri-
vain fenfé ne doit écrire que pour l'uti-

lité de ſes pareils. Si ces prétendues
inutilités, contre leſquelles il déclame
avec tant de véhémence, ſont ſelon
lui-même aujourd'hui des utilités dont
il n'eſt plus poſſible de ſe paſſer, & dont
il n'y ait plus moyen de ſe corriger,
ſa réflexion à cet égard ſera, de ſon
propre aveu, ſans fruit & ſans ſuccès,
M. Rouſſeau n'aura donc écrit que des
inutilités à ce ſujet, « dont la priva-
(5) P. 26. » tion (5) n'auroit pas été pour nous un
» ſi grand malheur. »

    » Il eſt clair, *continue M. Rouſſeau,*
(6) P. 27. » (6) en tout état de cauſe que le pre-
» mier qui ſe fit des habits ou un loge-
» ment ſe donna en cela des choſes peu
» néceſſaires, puiſqu'il s'en étoit bien
» paſſé juſqu'alors : » donc il pouroit
s'en paſſer toujours. Belle concluſion !
J'ai pu me paſſer d'habits ſous la zone
torride, donc je peux m'en paſſer ſous
la zone glaciale : on ſent aiſément l'ab-
ſurdité de pareilles conſéquences. Je
conçois bien que l'homme ait pu ſe paſſer d'habillement & de logement autant
de tems qu'ils ne lui ont pas été néceſſaires, & M. Rouſſeau ne concevra pas
comment, ni pourquoi il ſe les a donnés, dès que le ſentiment les lui a rendus indiſpenſables. « Il s'en étoit bien

» paſſé juſqu'alors, donc il pouvoit
» bien toujours s'en paſſer, » répondra-t-il. Quoi ! M. Rouſſeau ne ſçait
pas qu'un tems n'eſt pas un autre ;
qu'il fait beau aujourd'hui, qu'il pleut
demain ; que ce qui étoit inutile dans
un tems, dans un lieu, ſous un climat,
eſt d'un uſage forcé, à raiſon des cir-
conſtances opoſées. Tant que l'homme
a été dans l'ordre, tant qu'il n'a point
changé envers ſon Créateur, ce qui
dura bien peu, autant de tems il s'eſt
paſſé d'habits & de logement : cela eſt
vrai, parce que toute la nature étoit
auſſi pour lui dans l'ordre, dans ſa perfection ; la terre, les climats, rien n'avoit
changé. L'homme change vis-à-vis du
Créateur, il tombe volontairement
dans le déſordre, auſſi-tôt tout change
pour lui ; la terre ferme ſon ſein ; l'inégalité des ſaiſons ſuccéde à un printemps
continuel ; l'air, de pur qu'il étoit, ſe
charge de nuages épais ; le fougueux
aquilon, pour la premiere fois, déclare
la guerre au zéphire bienfaiſant ; & s'il
reſte encore quelqu'ordre parmi les élémens ; ſi toute la nature ne rentre pas
tout à coup dans le cahos & le néant,
d'où elle avoit été tirée, ce n'eſt que
par une ſuite de la bonté du Créateur,

qui en voulant & devant punir l'homme, n'a pas voulu le perdre pour toujours. Par-là, M. Rousseau, concevez l'utilité actuelle & indispensable à l'homme de tout ce qui lui auroit été inutile, s'il fût toujours resté dans l'ordre. Pour nous prouver que ce sont des choses peu nécessaires, ne venez plus nous donner la futile raison que l'homme *s'en étoit bien passé jusqu'alors.*

D'ailleurs, M. Rousseau est-il plus sage, plus prudent que la nature même ? Sur sa simple parole traiterons-nous d'inutilités ce que tous les jours sous nos yeux elle autorise & fait elle-même comme utilité dans les animaux ? N'est-ce pas elle qui a donné à chacun d'eux des vêtemens, des retraites, des grottes, des terriers suivant leur espéce, & les climats qu'elle leur avoit destinés ? Les choses que la nature trouve utiles & nécessaires aux animaux, seront chez M. Rousseau des inutilités, des choses peu nécessaires pour l'homme. Qu'il nous répéte tant qu'il voudra que *cela est clair en tout état de cause*, ce prétendu beau jour qui l'éclaire, ou plutôt ce faux jour qui l'égare, auprès de la vérité, n'est pour moi qu'une nuit la plus obscure.

Nous voilà enfin débarraffés de l'homme phyfique de M. Rouffeau. Paffons à fon homme moral : peut-être aura-t-il bien voulu par complaifance régler fon pinceau fur notre délicateffe ; peut-être aura-t-il temperé par la douceur du coloris de ce fecond tableau de l'homme, la dureté des ombres du premier ?

» Tout animal (7) a des idées puif- (7) P. 3..
» qu'il a des fens, » premiere obferva-
tion de M. Rouffeau. Tout animal en général a des fens, le principe eft certain : donc tout animal a des idées ; la conféquence eft pour le moins douteufe. Vous aurez beau me dire que la queftion n'en fait pas une ; chez vous, d'accord ; mais chez moi elle en fera toujours une. Je vois bien l'effet intérieur que les fenfa-tions produifent chez l'homme, parce qu'il me le communique extérieure-ment, & qu'étant homme, je juge de ce qui fe paffe dans mes pareils, par ce qui fe paffe chez moi ; mais la bête ne me communiquant en aucune maniére fon intérieur, n'en pouvant point faire de comparaifon, n'étant point de fon efpéce, je conçois bien qu'elle a des fenfations particulieres à elle, puifque je vois qu'elle a extérieurement des fens ; mais que l'effet de fes fenfations

occasionne en elle des idées, c'est ce
que je ne peux sentir ni apercevoir, &
ce dont je doute très-fort, parce que les
sens peuvent bien apartenir à la matiere
organisée, à l'être purement matériel,
& que les idées ne peuvent être que le
propre d'un être spirituel, ou la matiere
pouroit penser, ce que je nie. D'ailleurs
n'est-ce seulement que parce que l'homme a des sens, qu'il a des idées? * J'ai-
merois presque autant dire que qui dit
sens, dit idées, & que qui dit idées,
dit sens. En ce cas, qui distinguera
alors l'homme d'avec la brute? Ce ne
sera point une ame spirituelle, un
être pensant en lui, susceptible de raison, de réflexion, de méditation. De
pareils détails sont pour M. Rousseau
des inutilités de peu de conséquence.
Sera-ce sa qualité d'agent libre? la cho-
(8) P. 32. se est encore douteuse. Il y a bien des (8)
» difficultés qui laissent lieu de dispu-
» ter sur cette différence de l'homme
» & de l'animal; on ne sçait pas encore
» bien au vrai si la brute n'est pas aussi
» libre que l'homme ; la question peut

* Je sçai que c'est le sentiment de Locke, de
Neuton, & de plusieurs Philosophes modernes,
sentiment que je me propose d'éclaircir dans une
autre occasion.

» souffrir contestation. » Que sera-ce
donc ? le voici, « la faculté de se per-
» fectionner que l'homme a & que la
» bête n'a certainement pas : » heureusement elle est trop évidente, cette distinction, pour que M. Rousseau ait pu
la passer sous silence, heureusement,
dis-je, pour nous ; car si elle ne fût pas
venue à notre secours, l'arrêt étoit pro-
noncé, nous étions tous des brutes ou
de pures machines. Aussi M. Rousseau
nous donne-t'il cette distinction comme
la plus certaine, ou plûtôt comme l'u-
nique. Quoi que l'on dise, raprochons
la première distinction, toute douteuse
qu'elle est, qui consiste dans la qualité
d'agent libre, avec la seconde qui consiste dans la faculté de se perfectionner,
& voyons si l'une ne s'opose pas nécessairement à l'autre.

Tout être ayant par lui-même la faculté de se perfectionner, est de toute nécessité & de toute conséquence un agent
libre. La liberté est une perfection ; tout
être susceptible d'une perfection par
lui-même, peut-être susceptible d'une
autre perfection ; donc tout agent ayant
par lui-même la perfection d'être libre,
a la faculté d'aquerir d'autres perfections. L'usage de la liberté n'est qu'une

suite & un effet du raisonnement, vrai ou faux; donc qui dit un être libre, supose nécessairement & conséquemment un être raisonnable. Les brutes ne donnent aucunes preuves de leur raison; donc on ne peut pas dire qu'elles soient libres, qu'au préalable on ait une connoissance & une certitude de leur raison. Tout être créé libre a la faculté de se perfectionner, parce que l'usage de la liberté ne consiste dans la créature que dans le choix du mieux ou de ce qui ne l'est pas, du plus parfait ou du moins parfait. Les brutes, les enfans, les imbécilles, les fous, les furieux, &c. n'ont point la faculté de se perfectionner; donc ils ne sont pas libres, parce que la faculté de se perfectionner n'est qu'un résultat de la liberté, & la liberté une conséquence de la raison. Dès-lors que vous pouvez suposer les animaux libres, vous les suposez ayant la faculté de se perfectionner; dès-lors que vous leur refusez la faculté de se perfectionner, vous leur refuserez la qualité d'agens libres : suposez l'une, vous suposerez l'autre; otez l'une, vous les oterez toutes deux.

(La faculté qui distingue l'homme d'avec la brute est donc, selon M. Rousfeau, la faculté de se perfectionner. En cela nous sommes d'accord, parce qu'il m'accordera de son côté que pour se perfectionner, il faut être agent libre ; que pour être agent libre, il faut être doué d'une raison, qualité que n'a pas la brute. Mais ce en quoi nous ne serons pas aisément d'accord, le voici : l'idée de perfection présente naturellement à l'esprit des gens sensés & raisonnables un bien plus parfait que le défaut de perfection. On ne conçoit ordinairement l'imparfait que par le parfait, les ténébres que par la lumiére, le néant que par l'être. Tout ce qui tend enfin à une perfection, est une perfection lui-même ; par conséquent nous concevons que la faculté de se perfectionner, tendante par elle-même à la perfection, en est une réellemment : point du tout, nous nous trompons ; chez M. Rousseau cette faculté est dans l'homme la plus grande de toutes les imperfections, à moins que vous ne vouliez décorer du nom de perfection une faculté dont l'usage, en retirant l'homme de son état primitif, ne le distingue de la brute qu'en le mettant cent fois au dessous, & le rendant cent fois plus malheureux.

Je demande à M. Rousseau quel a

été le but du Créateur , en donnant à l'homme la faculté de se perfectionner ? Il me répondra sans doute que cela a été pour le distinguer des bêtes ; mais étoit-ce en l'élevant au dessus , ou l'a-baissant au dessous ? Si c'étoit pour le mettre dans un état au dessous , il se se-roit bien passé de la distinction ; il va-loit mieux pour lui qu'il le laissât tel qu'il étoit , sans aucune faculté distinc-tive. Etoit-ce pour le mettre dans un état plus élevé qu'elles ? Alors le Créa-teur s'est bien mécompté dans ses idées, ou plus vraisemblablement suivant cel-les de M. Rousseau, autant valoit encore mieux le laisser dans son premier état, qui tout triste qu'il étoit , lui auroit assuré un bonheur dont l'a privé mal-à-propos cette faculté distinctive , en l'en retirant à force de temps, & qui d'heureux l'a rendu malheureux. Ainsi, de quelque maniere que le Créateur ait réfléchi en faisant à l'homme ce present, il auroit toujours mal combiné. Qu'il est triste pour nous , M. Rousseau, que vous n'ayez pas présidé à notre créa-tion , vous vous seriez bien gardé de nous faire un pareil present.

Le bien par lui-même ne peut jamais être un mal de sa nature. Le mal en tant

tant que mal fera toujours un mal ;
le parfait eſt un bien plus grand que
ce qui ne l'eſt pas ; une perfection ne
peut pas être une imperfection par elle-
même ; ce n'eſt pas enfin la faculté de
ſe perfectionner qui eſt un mal chez
l'homme, dont l'uſage ne peut être que
bon & louable, mais bien ce que ſon
ſon entendement & ſon jugement
dépravé retranche, ajoute, ou change
de cet uſage contre l'ordre. L'homme, M. Rouſſeau, a aporté de ſon origine non ſeulement la faculté diſtinctive de ſe perfectionner, mais encore
celle de ſe détériorer ; il a le choix &
l'uſage de ces deux facultés ; choix en
quoi conſiſte particuliérement ſa liberté.
Otez lui une des deux facultés, il ne
ſera plus en quelque ſorte libre, il n'y
aura plus pour lui de choix à faire,
par conſéquent plus de liberté ; facultés inconnues chez les brutes, étant toujours ce qu'elles ont été, ſans pouvoir
ni ſe perfectionner ni ſe détériorer. M.
Rouſſeau n'auroit pas fait une ſi triſte
apologie de l'homme actuel, il n'auroit
pas peint avec de ſi noires couleurs la
faculté diſtinctive qu'il a de ſe perfectionner, il ne l'auroit pas rendue reſpon-
ponſable de tous les maux ſurvenus à

F

l'homme, qui ne font que les fuites &
les effets de celle qu'il a de fe détériorer,
s'il ne les avoit pas mal à propos con-
fondus enfemble. Que Monfieur Rouffeau donc fur ce faux principe defire
fon prétendu état primitif, qui ne le
diftingueroit en aucune maniere de la
(3) P. 34 bête, « état dans lequel (3) il couleroit
» des jours heureux & tranquilles; »
qu'il reprouve cette noble faculté de fe
perfectionner, qui faifant connoître
l'homme raifonnable, ne l'a felon lui
rendu que plus malheureux, aucuns de
fes lecteurs ne feront tentés de marcher
à quatre pieds, quelqu'avantage qu'il
fupofe à cet état au deffus du nôtre,
d'abandonner cette noble faculté de fe
perfectionner; c'eft un préfent trop précieux & de trop de conféquence à l'homme pour le reprouver ainfi fur la fimple
parole de M. Rouffeau. Qu'il pouffe de
longs regrets fur la perte de l'imbécillité
dans laquelle il fupofe l'homme naturellement né; pour rentrer dans cet heureux état, qu'il s'en faffe une étude particuliere; qu'il y courre de toutes fes
forces, perfonne ne s'y opofera.
(9) P. 35 » Quoi qu'en difent (9) les moralif-
» tes, l'entendement humain doit beau-
» coup aux paffions qui d'un commun

» aveu lui doivent beaucoup auſſi. » M.
Rouſſeau ſe trompe encore s'il n'admet
pas quelques exceptions. Je lui prouve-
rai par exemple, que chez lui l'entendement ne doit pas ſeulement beaucoup,
mais tout aux paſſions, & que ſes paſſions ne doivent rien à ſon entendement.
Il eſt vrai qu'il n'y a point de régle ſi générale qui n'ait ſes exceptions. M.
Rouſſeau eſt ſi particulier dans ſes idées,
qu'il peut très-bien être une exception
à la régle : pour nous qui n'avons point
l'avantage comme lui de pouvoir être-
exceptés, nous croyons tout le contraire de ce qu'il vient de nous avancer ;
nous penſons que l'entendement humain ne doit rien aux paſſions & que les
paſſions lui doivent tout. Peut-être dans
le pays de M. Rouſſeau eſt-ce la mode
que les chevaux conduiſent le cocher,
ou au moins qu'ils ſe conduiſent réciproquement ; dans le nôtre il n'en eſt
pas de même, les chevaux doivent tout
à la main qui les guide ; ſi par malheur
cette main eſt ſans habileté, les chevaux naturellement capricieux, n'étant
plus retenus s'emportent & entraînent
la voiture & le cocher ; tous ſe précipi-
tent. L'homme eſt la voiture, les paſſions les chevaux qui la traînent & l'en-

F 2

tendement le cocher qui les conduit.
Dire qu'ils se doivent réciproquement
tout l'un à l'autre, c'est comme si on
disoit que le cheval sert autant à conduire le mords, comme le mords sert
à le conduire.

Les passions n'ont pas été données
à l'homme, parce qu'il étoit doué d'entendement ; mais l'entendement lui a
été donné, parce qu'il avoit été créé
avec des passions ; passions nécessaires
à tout être existant & vivant sur la terre
pour veiller à sa conservation. M.
Rousseau m'objectera peut-être que
si cela est ainsi , les bêtes ont des
passions ; donc elles ont un entendement pour les régler, par conséquent de
la raison : fausses conséquences. La bête
a des passions , cela est vrai , elle ne
peut pas même s'en passer ; elle n'a
point d'entendement , cela est encore
vrai , parce qu'elle n'a aucun besoin
d'en avoir. La bête n'étant point libre
par elle-même , ses passions sont toujours bornées à son nécessaire ; dès-lors
l'instinct lui suffit : au lieu que chez
l'homme , en sa qualité d'agent libre ,
les passions n'ayant aucunes bornes ,
l'entendement lui a été donné de toute

nécessité pour les régler, les réprimer
& les restreindre.

Il est probable que le premier homme avoit, lors de sa création, reçu du
Créateur toutes les connoissances & les
lumieres possibles. Par sa chute, ob-
scurcies dans lui & ses descendans, pour
ne pas dire perdues, il ne lui resta plus
que la faculté de pouvoir encore les
retrouver, mais avec bien plus de peine, de recherches, de soins, & non
pas encore autant qu'il le voudroit,
mais autant que son besoin & celui
de son espéce exigeroit qu'elles se dé-
velopassent. Son état de perfection
avant sa chute devint pour lui après
sa chute un état de nécessité, qui en
lui faisant vraiment sentir des besoins,
lui a apris à en chercher avec ardeur
le reméde. Sujet aux maladies, à la
mort, tout ayant changé dans la nature, la terre pour lui d'abondante &
de fertile qu'elle étoit d'elle-même,
devenue par la suite avare & comme
stérile, il a été obligé pour subsister,
de la forcer pour ainsi dire par ses sueurs
& ses travaux à lui fournir son nécef-
saire : de-là l'agriculture & les autres
découvertes qui ne devoient à la vérité
se déveloper que par succession de tems

& autant que la néceffité l'exigeroit &
à proportion des befoins des hommes.
La terre ainfi fcellée pour l'homme
après fa chûte, on conçoit aifément
que l'agriculture a dû être, & a été en
effet la premiere découverte, comme
la plus néceffaire, & fans laquelle l'efpéce humaine, devant fe multiplier,
n'auroit pu fe perpétuer. Vous n'y
êtes pas ; M. Rouffeau va vous défa-
bufer, il va gravement vous dire que
(1) P. 41. » l'agriculture (1) ne fert pas tant à tirer
» de la terre les alimens qu'elle four-
» niroit bien fans cela, qu'à la forcer
» aux préférences qui font le plus de
» notre goût. » Ne fembleroit-il pas
que M. Rouffeau, par un fecret incon-
nu jufqu'alors, va à l'égard de l'agriculture, nous indiquer des opérations
préférables à celles ufitées avec fuccès
dans tous les fiécles ? Nous autres gens
tout fimples & bons humains avons cru
jufqu'ici qu'il nous falloit autre chofe
pour vivre que ce qui pouvoit fimplement flatter le plus notre goût ; qu'il
nous falloit des alimens folides : & le
moyen d'en avoir fans l'agriculture ?
Stupides que nous étions, allons à M.
Rouffeau, il nous démontrera que nous
cultivons & femons *gratis*, que nous ne

çavons en cela ce que nous faisons ;
que l'agriculture ne sert qu'à forcer la
terre à nous donner les préférences qui
sont le plus de notre goût, & non pas
à en tirer des alimens qu'elle fourni-
roit bien sans cela. O l'heureuse découverte ! Que n'êtes-vous né, M.
Rousseau, des milliers d'années plutôt ; que de sueurs & de fatigues votre observation auroit épargnées à nombre de malheureux, depuis le commencement du monde. Dieu a dit,
l'homme mangera son pain à la sueur
de son front, la terre pour lui n'aura
que des ronces & des épines : & moi,
répond M. Rousseau, je dis que la
terre lui fournira d'elle-même les alimens nécessaires. Que d'observations
inutiles sur la culture des terres, sur
le soin & la manière qu'on doit prendre pour l'obliger à nous fournir ces
mêmes alimens qu'elle nous fourni-
roit sans cela. Que de tems perdu !
non pas à cultiver la terre, M. Rousseau, ne le croyez pas ; mais à lire
vos refléxions. Telle précieuse que soit
votre observation, vous nous permettrez de n'en pas faire usage ; on n'es-
saie pas volontiers ni impunément de
mourir de faim : libre à vous cepen-

dant d'en faire telle épreuve que vous jugerez à propos. Pour nous, en attendant quelqu'autre Obfervateur plus fenfé que vous, nous cultiverons bonnement nos terres, fuivant l'ancienne & utile coutume.)

Laiffez toujours M. Rouffeau fupofer ce qui eft en queftion, ne lui demandez aucunes preuves de ce qu'il avance, croyez tout ce qu'il vous dit, gardez-vous de le contredire en rien, fon ouvrage eft accompli ; accordez-lui par exemple ‹‹ les hommes (2) errans çà & là dans les forêts, fans parole, fans induftrie, n'ayant nulle correfpondance enfemble, aucun befoin d'en avoir, fans domicile (3), fans propriété, logés au hafard, les mâles & les femelles s'uniffant fortuitement felon la rencontre, l'occafion, le defir, fe quittant avec la même facilité, la mere ne reconnoiffant plus fon enfant, ni l'enfant fa mere (*encore moins fon pere*) dès qu'il a pu s'en paffer ; ›› laiffez-le, dis-je, fupofer tout ce qu'il voudra, vrai ou faux ; alors il ne concevra ni la néceffité des langues ni la poffibilité de leur invention ; cela s'entend, cela eft clair. Je ferois plus hardi dans ce cas,

(2) P. 46.

(3) P. 47.

ras, j'en soutiendrois l'inutilité & l'im-
poſſibilité ; mais retorquons un moment la ſupoſition, M. Rouſſeau me
permettra ſans doute auſſi bien que lui
d'en faire. Qu'il me laiſſe dire que dès
l'état primitif les hommes aient toujours été en ſociété, qu'ils aient eu des
beſoins, qu'ils aient été en correſpon-
dance les uns avec les autres, je ſou-
tiendrai alors la néceſſité des langues,
& la poſſibilité de leur invention. Si
M. Rouſſeau me demande des preuves
de ma ſupoſition, qu'il commence par
me prouver la ſienne, & je m'oblige de
lui prouver la mienne ; l'étoffe me manquera moins qu'à lui.

En admettant pour un moment la
ſupoſition de M. Rouſſeau, admet-
tons-en une ſeconde : « ſupoſons cette
» première difficulté vaincue ; fran-
» chiſſons l'eſpace immenſe » (le trajet eſt un peu long ; qu'on ne s'étonne
pas, à l'aide de quelque ſupoſition, M.
Rouſſeau en viendra aiſément à bout ;
il en franchiroit bien d'autres) bon gré
malgré, franchiſſons donc avec lui
» l'eſpace immenſe (4) qui dut ſe trou- (4) P. 49.
» ver entre le pur état de nature & le
» beſoin des langues ; & cherchons, en
» les ſupoſant néceſſaires, comment

G

» elles purent commencer à s'établir.
» Nouvelle difficulté pire que la pre-
» miere. » Supofons encore cette feconde difficulté vaincue, & pour aller
plus vite, fautons une douzaine de pages de fupofitions, & voyons ce qui en
réfultera. Nous verrons, non plus par
fupofition, mais bien réellement M.
Rouffeau fe fauver auffi promptement
(1) P. 60. qu'il étoit venu, « tout effrayé (5) de
» difficultés qui fe multiplient, & con-
» vaincu mieux que jamais de l'impof-
» fibilité prefque démontrée (*par lui*)
» que les langues aient pu naître & s'é-
» tablir par des moyens purement hu-
» mains, laiffant, à qui voudra l'entre-
» prendre, la difcuffion de ce difficile
» problême ; lequel a été le plus né-
» ceffaire, de la fociété déja liée, à
» l'inftitution des langues, ou des lan-
» gues déja inventées, à l'établiffement
» de la fociété : » Digne réfultat d'un
auffi beau faut ! Ce n'étoit pas en vérité
la peine de franchir fi leftement des im-
menfités de tems, pour ne rien nous
aprendre ; M. Rouffeau auroit auffi
bien fait d'en refter au tems où il étoit.
Avant cependant qu'il s'échape tout-
à-fait, examinons ce difficile problême dont il laiffe la difcuffion à qui

voudra l'entreprendre ; « lequel donc
» a été le plus néceſſaire, de la ſociété
» déja liée, à l'inſtitution des langues,
» ou des langues inventées, à l'établiſ-
» ſement de la ſociété. » Je demande
à mon tour lequel eſt le plus néceſſaire
d'une ligne circulaire pour réunir une
multitude de points, ou d'une multitude de points pour décrire une ligne
circulaire ; d'un tout formé pour réunir une infinité de parties , ou d'une
infinité de parties réunies pour former
un tout. M. Rouſſeau ne ſent pas que
ſon problême n'a point d'autre ſolu-
tion que ſon problême même ; que dès-
lors qu'il ſupoſera une ſociété déja liée,
il ſupoſera néceſſairement une langue
déja inventée * ; que dès-lors qu'il ſupoſera une langue déja inventée, il ſupoſera
néceſſairement une ſociété déja liée,
également & réciproquement dépendante l'une de l'autre. Sœurs jumelles ,
le même inſtant les a vu naître , le même berceau les a élevées ; toutes deux ſe
ſont également accrues , & ſe ſont per-
fectionnées à meſure, à proportion & à
raiſon de la multiplicité des hommes &

* Je ne dis pas dans ſa perfection , mais dans le
premier dévelopement des organes de la langue ,
dans la première articulation des ſons.

de leurs befoins *. Tandis que nous fommes fur le chapitre des problêmes, profitons-en : paffons à une autre queftion.

(6) P. 62. » Laquelle de la vie (6) civile ou naturelle eft la plus fujette à devenir » infuportable à ceux qui en jouiffent, » demande gravement M. Rouffeau. Qu'il me dife donc avant tout, ce qu'il entend par vie civile & par vie naturelle. Si en entrant le plus qu'il m'eft poffible dans fes idées, par vie civile il entend celle qui s'éloigne le plus de la vie des brutes ; fi par la naturelle il entend celle qui y eft la plus conforme, j'admettrai alors la diftinction ; je lui répondrai d'un côté que c'eft un bien trifte état d'être bête toute fa vie, & que cela me feroit bien infuportable, fi dans cet état je pouvois réfléchir ; je lui avouerai d'un autre côté que la vie civile fupofant de la raifon, de la réflexion à ceux qui en jouiffent, il arrive quelquefois qu'elle peut être infuportable à ceux qui font un mauvais ufage de cette raifon & de cette réflexion. S'il me dit qu'il entend par vie civile celle de l'homme vivant en fociété, & par

* Ac varios linguæ fonitus natura fubegit Mittere, & utilitas expreffit nomina rerum.
Lucret.

vie naturelle celle de l'homme vivant
hors la société civile, alors je lui répondrai que je ne connois rien à sa distinction, parce que je pense que toute
vie civile est par elle-même très-natu-
relle, que l'esprit de société est dans la
nature même, & que la vie naturelle,
ainsi qu'il l'entendroit, ne seroit rien
moins que naturelle, seroit une vie de
misanthrope, qui tiendroit plutôt de la
folie ou de l'imbécillité que de la nature.

» Ce fut (7) par une Providence (7) p. 63.
» très-sage que les facultés que l'hom-
» me sauvage (*c'est-à-dire dans son état*
» *d'origine*) avoit en puissance, ne de-
» voient se déveloper qu'avec les occa-
» sions de les exercer. » C'est donc
selon M. Rousseau une Providence très-
sage qui a donné à l'homme la puissance
de se perfectionner, pour le distinguer
d'avec les brutes ; c'est une suite de cette Providence de ce que ces facultés ne
devoient se déveloper qu'à mesure des
besoins de l'homme. Providence très-
sage ! quels ont été donc vos desseins ?
Quel étoit le but de cette prudente éco-
nomie avec laquelle, après avoir donné
à l'homme une si belle faculté, vous en
avez réglé le dévelopement ? Sagesse infinie ! à quoi tendiez vous ? Mortels ;

foyez attentifs, l'organe de cetté Providence va parler. M. Rouſſeau va vous

(8) P. 34. répondre: « Cette faculté (8) diſtinctive
» *dont vous êtes doués*, eſt la ſource de
» tous les malheurs de l'homme ; c'eſt
» elle (*écoutez-bien*) qui l'a tiré à force
» de tems de cette condition originaire
» dans laquelle il couleroit des jours
» tranquilles & innocens ; c'eſt elle qui
» faiſant éclorre avec les ſiécles ſes lu-
» miéres, ſes erreurs, ſes vices, ſes
» vertus, le rend à la longue le tiran de
» lui-même & de la nature. » Providence très-ſage ! nous auriez-vous donc empoiſonnés ſans le vouloir & ſans le ſçavoir ? Providence très-ſage ! auriez-vous voulu nous tromper ? ou vous êtes-vous trompée vous-même ? Nous avions toujours cru juſqu'ici que le preſent que vous nous aviez fait, étoit chez nous réellement une perfection ; & M. Rouſſeau nous aſſure qu'elle n'eſt chez nous qu'une imperfection & la ſource de toutes les autres. Providence très-ſage ! que ne nous avez-vous laiſſés plutôt ſans cette belle prérogative, « être bien-

(9) Ibid. » faiſant, (9) être généreux, qui avez le
» premier ſuggéré, inſpiré à l'habitant
» des rives de l'Orenoque le moyen
» d'aſſurer à ſes enfans, du moins une

» partie de leur imbécillité & de leur
» bonheur originel, » ſoyez déſormais
notre Providence, otez-nous promptement la faculté de nous perfectionner,
aſſurez notre bonheur en nous remet-
tant pour toujours dans notre premier
état de bête, & faites qu'en nous ôtant
la raiſon dont on nous a malheureuſe-
ment pourvus, nous ne courions plus
riſque de la perdre. Paroiſſez M. Rouſſeau ; qui vous arrête ? venez, plus que
mortel, venez nous introduire dans le
ſanctuaire * de cette divinité bienfaiſan-
te ; que par vos généreux ſoins, aſſu-
rés déſormais d'une imbécillité à toute
épreuve, nous y coulions ſans ceſſe avec
vous des jours heureux & tranquilles.

Avant d'habiter cependant le domicile du Dieu de M. Rouſſeau, un moment de réflexion ne ſeroit pas déplacé ; un zêle outré conduit quelquefois plus loin qu'on ne penſe & qu'on ne
voudroit ; une fois logés, il n'y auroit
peut-être plus moyen de nous déloger.
M. Rouſſeau a-t-il bien vu ? a-t-il
bien tout examiné ? Notre prédicateur
de l'imbécillité ne pouroit-il pas ſe
tromper lui-même & nous tromper
avec lui, lorſqu'il nous fait judicieuſe-

* Bicêtre ſans doute ?

ment entendre qu'une Providence très-
fage, en nous donnant la faculté de
nous perfectionner, n'a eu d'autre
but que de nous rendre méthodique-
ment malheureux. Tout bien pefé,
tenons-nous-en à ce que nous fommes
& à ce que nous avons : d'ailleurs il
nous feroit impoffible de croire une Providence très-fage en même-tems mal-
faifante ; nous aimerions mieux n'en
croire aucune, ce que nous n'avons pas
envie de faire. Que M. Rouffeau fache
donc au contraire que la Providence
étant fage ne peut être que bienfaifante,
qu'elle n'eft point réfponfable du mauvais ufage & de l'abus que la créature
peut faire, & ne fait en effet que trop
fouvent, des prefens qu'elle lui a faits.
Si elle a mis dans les mains de l'homme
des armes, c'eft une bonté, c'eft un
bienfait de fa part, tant pis pour lui, s'il
n'en fait pas un bon ufage ; fi au contraire il les tourne contre lui-même, il en
fera feul coupable. Ce n'a jamais été, &
ce ne fera jamais par elle-même la puiffance de nous perfectionner & la prati-
que de cette faculté, qui nous a rendus
malheureux, & multiplié nos befoins ;
elle n'eft point la fource de nos malheurs, ils naiffent de la dépravation du

cœur de l'homme, de l'ufage mauvais
& de l'abus qu'il fait de fa raifon. Tout
ce qui a été créé eft bon & parfait ; rien
de nuifible à l'homme que l'homme
même ; il a été fon premier ennemi, il
l'eft encore, & le fera toujours tant que
fon efpéce fubfiftera. Ce n'eft point du
Créateur, ce n'eft point de la Providence, ce n'eft point de la Nature qu'il tient
fa dépravation, & par conféquent fes
malheurs ; ç'eft de lui feul : tout eft bien
dans l'univers à l'exception de l'amour
défordonné des chofes ordonnées ; voilà
réellement le mal dans fa fource &
fon principe.

Ce n'a été jufqu'ici qu'une ébauche
de l'homme. M. Rouffeau va mettre
la derniere main à fon chef-d'œuvre ; il
va vous foutenir hardiment que « l'hom-
» me dans l'état primitif (1) avec le (1) P. 63.
» feul inftinct (*plus queftion de raifon, de*
» *faculté de fe perfectionner*) avoit tout ce
» qui lui falloit pour vivre dans l'état
» de nature ; & que dans une raifon
» cultivée il n'a que ce qu'il lui faut pour
» vivre en fociété : » donc nous avons
perdu au change. Bienfaifant inftinct,
divinité chérie de M. Rouffeau & de
fes femblables, avec vous feul, comme
les brutes, nous aurions donc eu tout, &

encore tout ce qu'il nous falloit pour vivre dans l'état de nature, & avec une raison cultivée nous n'avons bien justement que ce qu'il nous faut pour vivre en société. Hé bien, M. Rousseau, j'aime mieux n'avoir que ce qu'il me faut pour vivre en société, & avoir une raison cultivée, que d'avoir tout ce qu'il me faut dans votre prétendu état de nature, & être avec vous sans raison, borné au seul instinct.

On revient toujours à ce que l'on aime; l'homme matériel, l'homme bête, voilà le héros de M. Rousseau. Selon lui, cet heureux état a été le berceau de l'espéce, & si on l'en croit, l'homme ne s'est détérioré & ne s'est d'autant plus rendu malheureux, qu'il s'en est plus écarté par la raison. Qu'on ne s'étonne donc pas si plein d'un zèle charitable pour ceux de son espéce, on le voit faire tous ses efforts pour les y ramener; il les y desire, il les y souhaite de tout son cœur, & lui tout le premier : zèle, desirs, & souhaits superflus ! S'il ne lui est pas possible, s'il n'a plus l'espérance de les y revoir un jour, au moins *meminisse juvat*, qu'il lui soit permis de faire l'orai-

(2) Préfa. p. 58. son funébre d'un état « qui n'existe (2) » plus, *hélas !* qui n'a peut-être jamais

» exifté, & qui probablement n'exifte-
» ra jamais; état (3) dans lequel les (3) Difcours p.
63.
» hommes n'ayant entr'eux aucune for-
» te de relation morale, ni devoirs con-
» nus, ne pouroient être ni bons ni
» méchans, n'auroient ni vices ni ver-
» tus, ni le dévelopement (4) des lu- (4) P. 68.
» miéres ni le frein de la loi; mais l'i-
» gnorance des vertus & des vices les
» auroit empêchés de bien & de mal
» faire, ils auroient été des bêtes,
enfin, c'eft tout dire. O le charmant
état!

Mais dira encore quelque vieil ra-
doteur, partifan déplacé de la raifon,
s'il en eft ainfi, à quoi donc a fervi fur la
terre cette fille de la fageffe; n'eft-ce-
pas elle qui nous éléve & nous diftingue des bêtes ? n'eft-ce-pas par elle que
nous fommes hommes ? n'eft-ce-pas elle
qui en perfectionnant l'homme, le rendant utile, néceffaire à lui-même, à fes
pareils, lui donnant la connoiffance de
ce qu'il eft, de ce que font les autres
êtres qui l'environnent, le rend par-là
digne de la fin pour laquelle le Créateur
l'a formé ? Comment tirant fa fource
de Dieu même, auroit-elle pu être
contraire à fes deffeins, en détériorant
l'homme qu'elle devoit perfectionner ?

Que me parlez-vous de raison, répondra M. Rouſſeau, fronçant le ſourcil, elle a tout bouleverſé ſur la terre ; « il y a
(5) P. 76. » (5) long-tems que le genre humain ne
» ſeroit plus ſi ſa conſervation n'eût dé-
» pendu que des raiſonnemens de ceux
» qui le compoſent. » Oui, M. Rouſſeau, cela eſt vrai, des raiſonnemens
pareils aux vôtres, mais non pas de ceux
de la ſaine raiſon, parce que la ſaine
raiſon chez les hommes eſt un des prin-
cipaux moyens dont le Créateur ſe ſert
pour ſa conſervation. Comme il a créé
principalement l'homme pour être rai-
ſonnable, la raiſon eſt indiſpenſable &
abſolument néceſſaire pour ſa conſervation, parce que ſans elle, l'homme ne
ſeroit pas réellement homme, n'étant
pas créatrice elle-même, par conſéquent ne pouvant ſeule rien conſerver, la
conſervation n'étant rien autre choſe
qu'une continuation de création. Dieu
ſeul à la vérité peut conſerver, parce que
lui ſeul peut créer ; cela n'empêche pas
cependant que la raiſon & les raiſonnemens des hommes (j'entends les ſains)
ne ſoient des moyens qu'employe à ſon
gré la ſageſſe infinie pour la perfection
& la conſervation de ſon ouvrage ; en
cela ils entrent pour quelque choſe dans

les deſſeins du Créateur ; la conſerva-
vation de l'eſpéce en dépend en quelque
ſorte, parce qu'elle eſt ce qui conſtitue
le plus l'homme, & que ſans elle l'homme ne pouroit être conſervé, ſans ceſſer
d'être homme.

Que l'homme ſoit borné, comme le
ſupoſe M. Rouſſeau, dans ſon état naturel au ſeul inſtinct, ou qu'il ſoit doué
de raiſon, il eſt certain dans un cas comme dans l'autre, ſi on le regarde ſeulement du côté matériel, que le phiſique
de l'amour, c'eſt-à-dire ce penchant
aveugle, indéterminé & général, qui
porte un ſexe vers l'autre pour ſe reproduire, ſera toujours le premier moteur,
qui le fera agir dans l'union d'un ſexe
avec l'autre, parce que dans l'homme
comme dans la bête, il eſt une ſuite de
l'inſtinct : mais outre la matiere l'homme a de plus que la bête un être penſant,
un eſprit qui, uni à la matiere, dans lui
eſt ſuſceptible d'en recevoir les impreſ-
ſions ; en ſa qualité d'agent libre il peut
choiſir l'une & rejetter l'autre, les régler, ſe déterminer. De là le moral de
l'amour, de là ce penchant qui quoique
de choix, parce qu'il nous plaît, entraîne
néceſſairement l'eſprit vers les objets
matériels ou ſpirituels qui ont plus de

raport à lui & qui lui paroîtront lui convenir le mieux ; penchant libre à la verité dans sa source, mais souvent involontaire dans ses suites. Dans le premier cas, c'est-à-dire dans le phisique, l'amour, à proprement parler, ne fait que végéter ; dans le second, c'est-à-dire le moral, il existe & vit réellement : le premier, est l'union simple de la matiére avec la matiére pour se reproduire ; le second, l'union de l'esprit avec l'esprit pour produire la société, les liaisons, les amitiés entre les personnes d'un même sexe. Si c'est entre les personnes d'un sexe différent, tous les deux ayant un corps matériel, tous les deux ayant un esprit, alors on court risque de mêler le phisique avec le moral, le moral avec le phisique. C'est la crainte de cette confusion qui faisoit dire au Pere Senault » que (6) lorsque les hommes seront des » anges ils pouront lier amitié avec un » sexe différent du leur ; » parce qu'alors n'ayant plus de corps, la matiére n'entraînera point l'esprit, il n'y aura plus, faute de matiére réciproque, de phisique dans ses liaisons ; il n'y aura plus que du moral. Que l'homme dans l'union des deux sexes ne cherche seulement que le phisique de l'amour, c'est

(6) Voyez le Traité des Passions du Pere Senault. 2. p. 1. Traité 3. Disc.

à-dire à se reproduire, il n'agira que conséquemment à la substance matérielle
dont il est composé ; qu'il y joigne ce
qu'on apelle le moral, il agira en conséquence de la substance spirituelle qui
dans lui est unie à la matiére : c'est ce qui
fait que rarement il arrive chez l'homme
qu'il n'y ait que le phisique de l'amour
sans détermination, sans choix, étant
composé d'esprit & de matiére, à moins
cependant que l'esprit ne fût chez lui si
envelopé, si enfoncé dans la matiére,
qu'il n'eût pas la liberté ni la facilité de
s'en dégager ; alors ces sortes d'hommes
font une classe particuliére dans l'espéce
humaine, qui tient plus de la bête que
de l'homme.

Dans cette suposition il ne sera plus
étonnant de voir M. Rousseau nous
peindre, avec un pinceau jaloux, « les
» sauvages (7) bornés au seul phisique (7) P. 80.
» de l'amour, & assez heureux pour
» ignorer ces préférences qui en irritent
» le sentiment & en augmentent les
» difficultés, attendre paisiblement l'im-
» pulsion de la nature, s'y livrer sans
» choix ; & leur besoin satisfait, tout
» leur desir est éteint. » Voilà un *assez
heureux* qui certes a dû couter à M.
Rousseau un soupir bien profond &

bien amer. Ne pouvoir jouir librement
parmi les hommes civilifés du bonheur
qu'il fupofe dans le fond de la Guinée,
jufte défefpoir! N'être pas né affez heureux pour jouir tranquillement & à fon
aife du phifique de l'amour; être réduit
à vivre avec un fexe trop civilifé & trop

(8) P. 79. » habile à célébrer le moral (8) de l'a-
» mour, ce fentiment factice qui veut
» du choix, des préférences, des at-
» tentions, & très-rarement du phifi-
» que, » cela eft bien dur, cela eft bien
trifte, je l'avoue; & que n'attend-on

(9) P. 80. » l'impulfion (9) de la nature; que ne
» s'y livre-t-on fans choix, fans préfé-
» rences; que les mâles & les femelles ne
» s'uniffent-ils comme autrefois fortui-
» tement & felon la rencontre, l'occa-
» fion & le défir; le befoin fatisfait, le
» défir feroit éteint. » O le bon tems que
ce tems-là! Que n'a-t-il duré toujours!
Pourquoi s'eft-on civilifé? Au refte « les

(1) P. 36. » feuls biens (1) *& le feul néceffaire* de
» l'homme, font la nourriture, une fe-
» melle & le repos, » il ne lui faut que
cela; manger, dormir, fe reproduire,
c'étoit feulement & juftement pourquoi
il a été créé & mis au monde. Belle
morale bien digne des fentimens dog-
matiques de fon Auteur! C'étoit le
moins

moins qu'on devoit attendre de notre
Philosophe. Quoi qu'il en soit, il devroit sçavoir que les gens sages, sans
toujours aprouver la mode, la suivent
néanmoins, ne fût-ce que pour garder le
décorum. Il devroit sçavoir qu'obligé de
vivre avec des gens civilisés, sa morale
ne seroit bonne tout au plus que dans les
coulisses de l'Opéra, pour servir d'in-
termédes au Devin de Village *; encore
douté-je qu'on voulût bien les y recevoir:
en tout cas, eussent-elles dû ne paroître
jamais, il auroit épargné à beaucoup de
ses Lecteurs la peine de rougir plus d'u-
ne fois. Nous ne l'aurions point vu à la
suite de cela rendre dans la société le devoir de la fidélité conjugale (2) responsa- (2) P. 84.
ble des adultéres qu'on commet au pré-
judice de cette même fidélité, comme
si le mal n'étoit que dans le devoir & non
dans l'action qui lui est contraire; comme si l'adultére n'étoit un mal que parce que la loi civile le défend : nous ne
l'aurions pas entendu avancer sans pudeur que « les loix de la continence (3) (3) Ibid.
» & de l'honneur, étendent nécessaire-
» ment la débauche, & multiplient les
» avortémens. » Sans pudeur, sans

* Espece d'Opéra, dont les paroles & la musi-
que sont de M. Rousseau.

H

honneur, M. Rouſſeau, on n'en ſera
donc que plus chaſte & moins crimi-
nel. L'honneur, le deshonneur, la vertu, le vice, le bien, le mal, chez vous,
ſont des mots vuides de ſens, & qu'on
a eu grand tort d'inventer dans la ſocié-
te, parce que ſi nous n'avions pas connu
l'honneur, il n'y auroit jamais eu de
deshonneur, la vertu de vice, le bien
de mal. Faut-il que ces chiméres aient
pris crédit parmi les hommes, pour
gêner leurs penchans, pour ne ſervir
qu'à faire néceſſairement des criminels,
qu'à multiplier leurs crimes & leurs
vices?

De-là M. Rouſſeau conclut « qu'er-
» rant dans les forêts (4) ſans induſtrie,
» ſans parole, ſans domicile, ſans guer-
» re, ſans liaiſon, ſans nul beſoin de ſes
» ſemblables, comme ſans nul deſir de
» leur nuire, peut-être même ſans ja-
» mais en reconnoître aucun individuel-
» lement, ſujet à peu de paſſions, &c...
» l'eſpéce étoit déja grande & l'hom-
» reſtoit toujours enfant. » M. Rouſſeau voudroit-il bien donc nous dire l'é-
poque où l'homme reſtant toujours
enfant a ceſſé enfin de l'être, & a commencé à s'évertuer, à s'acroître & à ſe
civiliſer; car les hommes ainſi fabriqués

(4) P. 84. & ſuiv.

par M. Rousseau, je ne vois pas qui les auroit pu engager à cesser d'être enfans ; je ne conçois pas même comment ils auroient pû s'y prendre, pourquoi ils n'auroient pas toujours resté, ainsi que les bêtes, dans leur état originaire, dans leur état d'enfance. Il me répondra que cela est arrivé lorsqu'ils ont mis en usage la faculté qu'ils avoient de se perfection-ner. Mais pourquoi ont-ils attendu si tard ? pourquoi les premiers de l'espéce, je le répéte, s'ils étoient hommes, n'en avoient-ils pas fait aussi bien usage que ceux qui leur ont succédé ? Cette faculté étoit aussi bien pour ceux-là que pour ceux-ci, où je ne compterai pour le premier de l'espéce que celui qui ayant reçu du Créateur cette faculté, en aura fait usage. De ce moment je pourai da-ter de l'homme, puisque de ce moment seulement, j'aurai aperçu en lui l'unique faculté qui pouvoit le distinguer de la brute. M. Rousseau dira qu'il a bien pu faire cette supofition de l'état de nos premiers peres, de les peindre tels qu'il a cru qu'ils étoient, mais que pour ré-soudre les difficultés qui pouroient en résulter, il les laisse de bon cœur résou-dre à ceux qui voudront l'entreprendre. M. Rousseau a l'imagination belle ; les

ſupoſitions ne lui coute.it rien : mais
n'allez pas outre : po.nt de difficultés
s'il vous plaît, ou il ne vous répondra
rien, à moins qu'en déſeſpoir de cauſe,
il ne. faſſe encore un généreux effort
pour ſe ſauver à l'aventure, en vous
amuſant avec lui, ſi vous le voulez

(5) P. 92. » bien, à raprocher (5), à conſidérer
» les différens hazards qui ont pu
» perfectionner la raiſon humaine, en
» détériorant l'eſpéce ; rendre un être
» méchant en le rendant ſociable. »
Des hazards qui ont le pouvoir de
perfectionner ; des hazards qui en perfectionnant détériorent ; des hazards
auteurs en même tems du bien & du
mal ; des hazards qui rendent un être
méchant en le rendant ſociable ; des
hazards qui pouvoient arriver comme
ne pas arriver. Pourquoi ſont-ils arrivés ? Pourquoi ne ſont-ils pas arrivés
plutôt, comme ils ſont arrivés plutard ?
Si ces hazards, ne fuſſent point arrivés,
comme ils pouvoient ne pas arriver,
qu'auroit fait l'homme des facultés qu'il
avoit en ſa puiſſance, & qui pour une
Providence très-ſage ne devoient ſe déveloper qu'avec les occaſions de les exercer ? Rien. Faute de hazards, à quoi auroit donc été occupée cette Providence

très-fage ? à rien. Comment aurions nous connu qu'il en exifte une ? C'eft donc à des hazards que nous devons cette précieufe connoiffance d'aveugles hazards, qui en perfectionnant détériorent ; une Providence fage qui agit en conféquence de hazards qui pouroient arriver comme ne pas arriver. Expliquez-moi tout cela. Quelles abfurdités ! Quelles contradictions !

Non, M. Rouffeau, ce ne font point des hazards qui ont amené les hommes à l'état où nous les voyons aujourd'hui ; c'eft d'un côté une Providence très-fage, de l'autre leur dépravation propre. C'eft Dieu lui-même qui a rendu l'homme fociable : l'a-t-il rendu méchant ? Il a créé l'homme parfait, l'a-t-il détérioré ? Non, ce ne font point des hazards à qui il doit fa perfection, c'eft à Dieu ; ce ne font point des hazards qui l'ont détérioré, c'eft lui-même, non d'autant plus, comme le fupofe fauffement M. Rouffeau, qu'il s'eft éloigné de fon état originaire, état en tout point felon lui femblable à celui des brutes, s'il ne lui étoit pas inférieur, comme il le prétend ; mais au contraire d'autant plus qu'il s'eft éloigné de l'état parfait dans lequel il avoit été créé, & qu'il s'eft raproché de l'état de la bête. Rien de bien dans la nature & dans l'univers n'eft dû au hazard, tout eft dû à la fageffe infinie qui régle & gouverne tout dans le monde. Rien n'y arrive qu'elle ne le faffe, qu'elle ne lé veuille, ou ne le permette. Rien de mal n'eft dû au hazard, tout eft dû à la dépravation de l'homme par fa chûte. Détrônez donc, M. Rouffeau, fi vous le pouvez & fi vous ofez l'entreprendre, la Divinité; niez fon exiftence, & fa Providence qui veille fans ceffe fur fes créatures, vous aurez plutôt fait, que d'admettre un Dieu capable de rendre fes créatures méchantes; un Dieu fubordonné à des hazards; il vaudra beaucoup mieux n'en pas admettre, d'aveugles hazards; voilà bien plutôt la divinité d'un cœur aveugle & corrompu.

De-là je conclus à mon tour, étant libre à chacun de conclure, comme il l'entend, que M. Rouffeau auroit fait beaucoup mieux de ne s'être pas mêlé de notre inftruction; peut-être me payera-t-il de la même monnoie, mais les Lecteurs fenfés feront feuls fes juges & les miens. Si M. Rouffeau eft entêté de fa façon de penfer, nous ne le fommes pas moins de la nôtre. Selon
(6) P. 86. lui nous avons « des préjugés (6) invé-

» térés, des erreurs profondes ; » il en
veut être le deftructeur : exploits bien
dignes de fon quichottifme ! malheureu-
fement il eft venu un peu trop tard, il
n'y a plus d'efpérance, nous voyons trop
clair, notre maladie eft incurable ; on a
beau y apliquer pour reméde des fupofitions chimériques, « des raifonnemens
» (7) commencés, des conjectures (7) Pref.
» hazardés, » on n'y gagnera rien ; tant p. 17.
que nous croirons une Providence fage,
nous ne croirons point à d'aveugles hazards. Que M. Rouffeau nous dife tant
qu'il lui plaira qu'il a creufé jufqu'à la
racine, il ne nous fera jamais penfer que
nos peres aient été créés fans raifon,
peut-être fans inftinct ; que cet état ait
été leur état naturel & primitif ; non,
nous n'en voulons rien croire, parce que
nous ne voulons point être des fots, en
croyant bonnement que nos peres en
aient jadis été.

Satisfaits d'avoir vu l'homme de M.
Rouffeau dans fon berceau, aprenons
de lui maintenant comment il eft devenu
ce qu'il eft ; voyons fi par des « conjec-
» tures hazardées, il nous prouvera »
fes raifonnemens commencés.

SECONDE PARTIE.

(8) Dif-
cours P.
95.

» LE premier (8) qui ayant enclos
» un terrein, s'avisa de dire *ceci est*
» *à moi*, & trouva des gens assez sim-
» ples pour le croire, fut le vrai fonda-
» teur de la société civile. » Un qui s'a-
vise pour la premiere fois d'enclorre un
terrein, & de dire *ceci est à moi*; d'autres
assez simples ou assez sots pour le croire,
voilà certes d'excellens ouvriers pour
jetter les fondemens de la société civile.
La simplicité de ceux-ci, l'envie de se
singulariser de celui-là, étoient sans
doute des matériaux nécessaires à M.
Rousseau pour bâtir son nouvel édifice.
Mais ce second Architecte voudroit-il
bien nous dire par quel hazard celui qui
avoit un droit commun à tout, s'est-il
avisé le premier d'enclorre un terrein, &
de s'aproprier particulierement & pri-
vativement à tous autres une partie de
ce tout commun dont il n'avoit que faire? se résoudre à le défendre contre tous,
ne le pas quitter d'un instant, de peur
qu'un second ne l'en depossedât & ne
s'y retranchât aussi-bien & avec autant
de droit & aussi peu de besoin que lui?
Comment les autres ont-ils consenti à
cette

cette diftraction particuliere d'une partie de ce qui leur étoit commun à tous,
fans reclamer contre l'ufurpation ?
Comment changer ainfi tout à coup
l'ufage du tout commun ? L'ufurpateur a dit « ceci eft à moi ; il a trou-
» vé des gens affez fimples pour le
» croire ; » voilà donc un Contrat en
bonne forme & fans équivoque. Mais
je voudrois fçavoir comment celui-là
a pû concevoir la premiere idée de propriété particuliere & relative à fon individu ; comment dans le même inf-
tant elle a été conçue par le général ;
car pour peu que les uns ou les autres n'ayent pas conçu dans le même
moment l'idée de propriété particuliére , ou celui-là n'auroit pu dire ,
ceci eft à moi, ou les autres ne l'en
auroient jamais cru fur fa parole , fi
fimples qu'on les pût fupofer. Le moment de conception a été fans doute
le même pour les uns & pour les autres , quoique M. Rouffeau ne nous
en dife rien ; c'eft une fupofition fous-
entendue de fa part. Cependant l'idée
de propriété eft fupofée innée chez
l'homme compofé tel qu'il eft , ou fupofée factice ; fi elle eft innée , l'idée
d'une fociété , comme conféquence né-

I

ceſſaire, ſera donc pareillement innée : ſi au contraire l'idée de propriété eſt ſupoſée factice, d'où tirera-t-eile ſon origine ? Elle ne la poura jamais tirer que d'une ſociété qui ne poura être que civile du plus ou du moins, la ſociété civile n'étant rien autre choſe que la ſociété dévelopée, proportionnée & réglée ſur la maniere d'être de ceux qui la compoſent. Ainſi de quelque fa-çon que M. Rouſſeau raiſonne, ces deux idées de propriété & de ſociété, étant eſſentiellement dépendantes l'une de l'autre, elles tireront toujours leur principe de la nature propre de l'hom-me, & n'auront d'autre origine que celle de l'eſpéce : elles auront bien pu ſe perfectionner, ſe déveloper dans la ſuite, mais cette perfection, ce dé-velopement ſupoſera toujours une exiſ-tence antérieure. Combien donc eſt-il abſurde de vouloir fixer l'époque de l'origine de la ſociété civile & de la propriété, au tems où l'on ſupoſe qu'un de l'eſpéce aura dit crûment ceci eſt à moi, & qu'il aura trouvé des gens aſſez ſimples pour l'en croire ſur ſa parole ? Auſſi M. Rouſſeau, il faut lui rendre juſtice, a-t il bien ſenti la foibleſſe de ſa ſupoſition ; il con-

vient qu'il eſt néceſſaire de remonter
un peu plus haut ; mais comme il ne
remonte point encore juſqu'à la vraie
ſource , conduiſons l'y s'il eſt poſſible.

On ne peut diſconvenir ſans une
ignorance inexcuſable, ſur-tout dans
un Philoſophe tel que M. Rouſſeau,
qu'il n'y ait eu réellement , dès la premiere exiſtence de l'homme , deux ſor-
tes de propriétés , une générale , une
particuliere , une commune à toute
l'eſpéce , une particuliere à chaque individu ; la générale conſiſtante dans
le droit & l'uſage commun d'uſer de
l'air , de l'eau , de la terre & de tout
ce qu'elle produiſoit , rien de particulier , tout étoit non ſeulement commun à l'eſpéce humaine , mais même
aux autres animaux ; la particuliere
conſiſtante dans le droit que chacun de
l'eſpéce avoit en particulier ſur ſon
propre individu , ſur lequel le général n'avoit aucune propriété , de l'u-
ſage de la premiere , eſt inconteſtable-
ment enſuivi une propriété mixte ou
relative à la ſeconde ; les choſes communes au général de l'eſpéce , une fois
ſaiſies par le premier occupant ou le
plus fort , ceſſoient alors d'un commun
accord d'apartenir au général , & deve-

noient en quelque forte le propre particulier de l'individu. On conçoit aifément que fi la terre eut toujours été
la même, fi l'efpéce ne fe fut pas mul-
tipliée, une pareille fociété auroit pu
fubfifter fans inconvénient ; mais la
terre ne pouvant plus, eu égard à la
multiplication, produire d'elle-même
affez abondamment les alimens néceffaires, « à mefure que le genre (9) hu-
» main s'étendit, les peines fe multi-
» pliérent ; le peu d'aliment, la con-
» currence de fes femblables & des au-
» tres animaux, la différence des cli-
» mats, des faifons, tout dut forcer
» l'efpéce à changer de maniere de
» vivre » ; ou il falloit fe réfoudre à
périr ou à avoir des combats, des que-
relles continuelles pour fe difputer une
proie & des alimens dont la jouiffance
particuliere devenoit d'autant plus difficile à acquerir, que le nombre des
prétendants augmentoit tous les jours.
Ce fut alors que la néceffité contrai-
gnit l'induftrie particuliere de chaque
individu de pourvoir à fa fubfiftance ;
de là les obfervations, les arts, les
découvertes qui ne fuffifoient pas encore. Tel pouvoit bien une chofe qui
ne pouvoit pas l'autre ; tel avoit fait

(9) P. 98.

une découverte, qui, faute du fecours
de fon voifin, ne pouvoit en tirer aucun profit ni aucune utilité ; celui-ci
avoit bien inventé l'agriculture, mais
n'avoit point de fer que celui-là avoit
découvert, qui, faute d'avoir la maniere de le mettre en œuvre & de l'employer, n'en pouvoit encore faire ufage. On fentit donc plus que jamais
la néceffité de fe raprocher, d'échan-
ger, pour ainfi dire, invention contre
invention, découverte contre découverte, induftrie contre induftrie ; de
nouveaux obftacles fe prefentérent encore, l'ufage du tout commun, le
peu d'induftrie de ceux ci, la pareffe
de ceux-là, devoient néceffairement faire naître des difputes, des difcuffions.
En effet, comment mettre l'ufage de
l'induftrie particuliere en jeu, tandis
que tout fera commun ? Comment,
par exemple, celui-ci fera-t-il affez in-
fenfé « (1) pour fe tourmenter à la (1) p. 42.
» culture d'un champ, qui (s'il n'eft
» pas le plus fort) fera dépouillé par
» le premier venu, homme ou bête
» indifféremment, à qui cette moiffon
» conviendra ? Comment chacun pou-
» ra-t-il fe réfoudre à paffer fa vie à
» un travail pénible dont il eft d'autant

I 3

» plus sûr de ne pas recueillir le prix
» qu'il lui sera plus nécessaire. En un
» mot, comment cette situation pou-
» ra-t-elle porter les hommes à cul-
» tiver la terre tant qu'elle ne sera
» point partagée entr'eux » ; & qu'ils
ne seront point dans une propriété tran-
quille de leur part, comme un préalable de toute nécessité qu'on a bien
senti, & qu'on a exécuté. En effet, le
général a cédé d'un côté son droit sur
les choses communes, & elles sont de-
venues le propre particulier de chaque
individu, tandis que chaque individu
d'un autre côté, est devenu en quelque
sorte le propre du général. On a par-
tagé les terres, chaque individu, à la
caution du général, a été en droit de
cultiver son terrein particulier, d'en
cueillir les fruits, d'en disposer à son
gré, comme le prix de son industrie,
& le propre de son individu. Le particulier en conséquence a renoncé au
droit & à l'usage commun qu'il avoit
sur les choses partagées : enfin le général est devenu dépendant du particulier, & le particulier du général ;
de-là les conventions, les devoirs mutuels, les loix, la sureté publique &
particuliere ; de-là en un mot la société
civile.

Pour que les hommes foient parvenus jufqu'à ce point, il faut néceffairement leur fupofer & admettre dans
eux une raifon & une réflexion antérieure, je ne dis pas pour fentir leurs
befoins feulement, mais pour y aporter un reméde qu'ils ne pouvoient trouver ailleurs que dans la fociété. Comment donc tels hazards qui foient arrivés, M. Rouffeau y conduira-t-il fon
homme borné au feul inftinct, comme
il le fupofe, « fans parole, (4) fans (4) P. 84.
» induftrie, fans liaifon, fans corref-
» pondance (5) avec fes femblables, (5) P. 46.
» & fans aucun befoin d'en avoir ? »
Cela n'eft pas concevable. Auffi, M.
Rouffeau, fans s'en apercevoir, ou du
moins fans vouloir qu'on s'en aper-
çoive, fait-il de cet homme ce qu'il
ne voudroit pas, mais ce qu'il eft cependant forcé d'en faire, c'eft-à-dire
un homme dont le premier fentiment
eft un fentiment de réflexion fur lui-
même. Quelle fut, felon lui, la condition originaire, quelle fut la vie de
cet homme borné aux pures fenfations?
» Son premier fentiment (6) fut ce- (6) P. 96.
» lui de fon exiftence, fon premier
» foin celui de fa confervation ». Un
animal borné d'abord aux pures fenfa-

tions , connoître son exiftence ; un
animal borné au feul inftinct , avoir
des fenfations d'un ordre affez fupé-
rieur à celles qu'éprouvent les brutes,
pour lui faire connoître & lui donner
le fentiment de fon exiftence , quel hazard , ou plutôt quelle abfurdité ! Ce
n'eft à la vérité que par les fenfations
que , doués que nous fommes d'une
ame fpirituelle , nous connoiffons par
l'entremife de certains organes les êtres
matériels qui nous environnent , & dont
l'impreffion agit fur nos fens extérieurs ;
mais pour connoître qu'ils exiftent &
que nous exiftons , pour en faire des
comparaifons d'eux à nous , il faut au-
tre-chofe que des fenfations qui viennent des fens extérieurs. La matiére
ne pouvant rien connoître par elle-
même , privée qu'elle eft de fentiment,
comment connoîtra-t-elle fa propre
exiftence ? fi ce qui la frape ne paffe
pas au-delà des fens extérieurs , & n'eft
pas porté par leur moyen , comme par
autant de canaux , jufqu'au fens in-
time , qui n'eft rien autre chofe que
la partie fpirituelle de nous-mêmes ,
qui , par fa nature différente de la matiére , fufceptible de réflexion & de fe
replayer fur elle-même , peut & pourra

toujours avoir, indépendamment des
sens extérieurs & des organes, une connoissance de sa propre existence ; sentiment inné, aussi indépendant de la
matiere qu'elle en est indépendante,
faute duquel les brutes, avec toutes
les sensations propres à leur sens extérieur, sans passer au-delà, peuvent
bien par elles être machinalement aver-
ties de ce qui est utile ou contraire à
leur conservation, mais par lesquelles
seules elles ne parviendront jamais à la
la connoissance de leur existence. Ainsi
donc, ou M. Rousseau en bornant l'homme dans son état d'origine au seul instinct
& aux pures sensations, n'a pas pu lui
suposer, pour premier sentiment, celui de son existence, ou en lui supo-
sant, comme il est vrai, ce premier
sentiment, il n'a pas pu le borner,
comme il le fait, au seul instinct &
aux pures sensations. Il ne lui a pas
été libre de ne laisser à l'homme qu'une
partie des biens qu'il posséde par sa
nature, il faut nécessairement, ou tout
lui accorder, ou ne lui rien accorder
de ce qui pense en lui ; c'est un être
par lui-même indivisible.

Accordons cependant pour un moment à M. Rousseau son homme ainsi

borné aux pures senfations, accordons-
lui encore ce même homme « parmi
(7) P. 13. » les animaux, (7) *obfervant, imitant*
» leur induftrie, s'élever jufqu'à l'inf-
» tinct des bêtes, *pouvant* fe les apro-
» prier tous, n'en ayant peut-être au-
» cun. » Dans la fituation nouvelle qui
l'oblige à changer de maniere de vivre, à qui aura-t-il recours? Plus de
modéles à imiter, plus d'inftinct à s'a-
proprier. Pendant un tems confidéra-
ble borné au feul inftinct, ou n'en
ayant peut-être point, dans un tems
poftérieur qui lui a fait paffer les bornes de l'inftinct & des pures fenfations,
qui l'a conduit au-delà? des hazards,
(8) P. 98. » (8) *répondra M. Rouffeau* ; la nécef-
» fité, la différence des climats, des
» faifons, des années ftériles, des hy-
» vers longs & rudes, des étés brû-
» lants qui confomment tout, exigérent
» de lui une nouvelle induftrie. » Soit,
je le veux ; mais fi je foutiens que toutes ces caufes ayent exifté dès le premier de l'efpéce, qui me prouvera le
contraire ; il faudra néceffairement que
M. Rouffeau m'accorde les facultés &
l'induftrie de l'homme, dévelopées dès
ce tems, puifque dès-lors il y aura
eu les mêmes befoins, les mêmes né-

ceffités ; que deviendra fon homme
borné aux pures fenfations & au feul
inftinct, fans parole, fans induftrie,
&c. n'en réfultera-t-il pas au contraire
que ces caufes exiftantes dès l'origine de
l'efpéce, auront auffi dès ce tems exigé
de l'homme, de l'induftrie & des connoiffances pour y aporter le reméde ;
connoiffances, que M. Rouffeau ne fupofe dévelopées que poftérieurement.

Enfin, grace à M. Rouffeau, n'importe comment ; voila l'homme un peu
civilifé ; on commence pour le bien-
être à s'affembler tous ; on travaille en
commun pour le profit particulier de
chaque individu ; en croaffant comme
les corneilles, on fe fait entendre ; une
multitude de fiécles parcourus, comme un trait, on arrive peu à peu.
» Ces premiers (9) progrès mirent en- (9) Page
» fin l'homme à portée d'en faire de   105.
» plus rapides ; plus l'efprit s'éclairoit
» & plus l'induftrie fe perfectionna. »
Qu'il me foit permis de demander ici
à M. Rouffeau ce que c'eft qu'efprit,
ce que c'eft qu'induftrie ; exact à fui-
vre les principes d'un maître tel que
lui dans l'art de raifonner, je ne me
départs pas volontiers du premier qu'il
m'a imprimé ; j'ai encore la mémoire

récente de cet homme borné par la nature au seul inſtinct, & voilà un eſprit, voilà une induſtrie qui paroiſſent.
Eſprit, induſtrie, raiſon, ce ſont
des mots, répondra peut-être M.
Rouſſeau; c'eſt une façon de parler qui
ne veut rien dire autre choſe qu'un
inſtinct plus ou moins perfectionné.
Mais l'agent qui a perfectionné cet
inſtinct, quel eſt-il? La matiere ne ſe
perfectionne pas d'elle-même. Eſt-ce
l'inſtinct lui-même qui eſt cet agent?
Alors je ne le traiterai plus d'inſtinct,
ce ſera pour moi eſprit, ce ſera raiſon; il ſera lui-même cet être ſpirituel en qui je fais conſiſter principalement l'homme. Si c'eſt un autre
agent, quel eſt-il? Dites-nous-le, M.
Rouſſeau, ou convenez que vous vous
embarquez ſans ſçavoir à quoi ſe ter-
minera votre courſe, & que pour amener l'homme au point où vous le voyez
aujourd'hui, par une route extraordinaire, vous en faites un compoſé ſi
abſurde, que vous ne vous y recon-
noiſſez plus vous-même, & que per-
ſonne ne peut y rien comprendre. Sui-
vons donc cet eſprit qui s'éclaire, cette
induſtrie qui en même tems ſe perfectionne. A la faveur de ces deux aíles

nous n'allons pas voir l'homme fendre
les airs , mais rampant encore à rez
de terre ; nous l'allons voir avec leur
aide « se bâtir (1) une hutte de bran- (1) Page
» chages, que par la suite il s'avisa d'en- 105.
» duire d'argille. » La belle découverte ! Quel singulier animal que cet
homme , il lui falloit de l'esprit & de
l'industrie pour faire ce que la moindre
des brutes pouvoit faire avec le seul
instinct. Vous pouviez , M. Rousseau ,
sans conséquence , différer à faire paroître sur la terre l'esprit & l'industrie ;
l'homme borné au seul instinct nous
auroit suffi pour se bâtir des huttes.

L'homme est naturellement singe ,
il fait assez volontiers tout ce qu'il
voit faire aux autres , soit par esprit , soit par instinct , n'importe ?
L'un écrit & dit ce qu'il a vu écrire
& dire à d'autres ; l'autre fait ce
ce qu'il voit faire. Un Inventeur
sert ordinairement de modéle à
mille qui perfectionnent & enchéris-
sent l'invention : une premiere hutte
donc une fois inventée & bâtie , tous
voulurent en avoir ; c'étoit une fureur
pour les huttes. Cependant comme
» les plus forts (2) furent vraisem- (2) Page
» blablement les premiers à se faire 106.

» des huttes qu'ils se sentoient capa-
» pables de défendre ; il est à croire
» que les foibles trouvérent plus court
» & plus sûr de les imiter que de ten-
» ter à les déloger. » J'aime beaucoup
cet il est à croire ; je l'aurois presque
deviné. Que de modestie dans M.
Rousseau ! Que de prudence dans nos
premiers peres !

(3) Page
205.

» Ce fut là (3) l'époque d'une pre-
» miere révolution qui forma l'établis-
» sement & la distinction des familles.»
Mon esprit, (voyez ce que c'est que
d'en avoir peu,) m'auroit fait faire l'oiseau avant la cage ; point du tout,
c'est la cage qui est faite avant l'oiseau.
J'aurois dit par exemple dans une autre circonstance, on a inventé les petites maisons parce qu'il y avoit des fous
à loger ; point du tout : avec M. Rousseau, il faut penser qu'il n'y a eu des
fous parmi les hommes, que lorsqu'il
y a eu des petites maisons.

Quel esprit éclairé que ce M. Rousseau ? Jusqu'à quel point perfectionne-
t-il l'industrie des hommes ? Une difficulté cependant m'arrête encore. Je
conçois volontiers que les injures du
tems, les insultes des animaux ont pu
donner & occasionner à l'homme l'idée

de bâtir des huttes , de les enduire d'argille pour s'en garantir , & s'y mettre
à l'abri ; mais je ne conçois pas auſſi
aiſément , comment les fabricateurs &
les inventeurs de ces huttes , accoutumés « à s'unir àvec les femelles (4) for-—(4)P.97.
» tuitement , ſuivant la rencontre , l'oc-
» caſion & le deſir , le beſoin ſatisfait ,
» les deux ſexes ne ſe reconnoiſſant
» plus , » je ne conçois pas , dis-je ,
comment de pareilles gens ayent pu
d'eux-mêmes , ſans d'autre cauſe que
cette premiere révolution , dont l'époque fut l'invention & la conſtruction
des huttes , ſe réſoudre à quitter &
abandonner leur ancien préjugé , leur
uſage favori , pour ſe réunir & ſe diſ-
tribuer par familles , je n'en comprends
nullement la néceſſité ; juſqu'à preſent
je ne vois pas même comment ils auroient pu ſe former la plus legére idée
d'une famille telle que nous la concevons , c'eſt-à-dire , des maris , des femmes , des peres , des meres , des enfans
réunis enſemble ſous un même toît ?
Comment ſans loix , ſans conventions
antérieures , exécuter cet établiſſement ?
Qui a dit à celui-ci que la femme de
ſon voiſin ou de tel autre ne pouvoit
plus être la ſienne , ayant eu juſqu'alors

un droit égal fur toutes , fuivant l'impulfion de la nature , la rencontre &
le defir ? Qui a dit à celui-là que
la femelle de tel individu male ,
ne pouvoit plus être deformais , fans
injuftice, la femelle de tel autre , tant
qu'elle feroit à ce premier ? Comment,
fi cet établiffement eft factice tout en
croaffant, le premier qui a pu en avoir
l'idée l'a-t-il pu communiquer aux autres ? Comment ceux-ci l'ont-ils adop-
tée ? Dire fimplement que cet établiffement eft dû à l'invention des cabanes , cela me paroit fort aifé à écrire ,
mais bien difficile à concevoir.

Voyons à prefent l'effet de cette fituation nouvelle , qui réuniffoit dans
une habitation commune les maris , les
femmes , les peres , les enfans. Quel
fut-il ? « Les premiers dévelopemens
» du cœur. » Le cœur commence enfin pour la premiere fois à fe déveloper , caché jufqu'ici fous fes envelo-
pes, les maris , les femmes, les peres ,
les enfans , ne fe connoiffoient pas encore pour tels , tout-à-coup ils fe réuniffent , alors ils fe connoiffent. Char-
mante réunion ! il vous étoit donc ré-
fervé de faire éclorre cette précieufe
connoiffance. Quelques foupirs annon-
cérent

(1) Page
106.

cérent pour la premiere fois que le cœur exiſtoit ; on n'y avoit pas penſé juſqu'alors : « l'habitude de vivre (6) (6) Ibid & ſuiv. » enſemble fit naître les plus doux ſen- » timens qui ſoient connus des hom- » mes, l'amour conjugal & l'amour » paternel. » Voilà donc l'origine des premiers dévelopemens du cœur , de l'amour conjugal & paternel , dûe à l'établiſſement des familles ; ſingulier établiſſement dont l'époque fut la ré-volution qu'occaſionna l'invention & la conſtruction des huttes. Mais , M. Rouſſeau , ſi on ne ſe fut jamais aviſé d'en conſtruire , comme on pouvoit le faire , puiſque , ſelon vous , on s'en étoit bien paſſé juſqu'alors , qu'auroit-il arrivé ? Faute de huttes pour les lo-ger , plus d'établiſſement de famille , faute d'habitude de vivre enſemble , plus d'amour conjugal & paternel , plus de dévelopemens du cœur : l'heureuſe invention que ces huttes !

» Sentimens les plus doux qui ſoient » connus des hommes , premiers dé-» velopemens du cœur , où ſeriez-vous » ſans cette invention ? » J'avois cru juſqu'alors que vous aviez été la cauſe du premier établiſſement des familles ; que la réunion dans une habitation com-

K

mune des maris, des femmes, des peres, des enfans, avoit été l'effet de vos
charmes féduifans ; j'avois cru que la
diftinction des familles & des nouvelles habitations étoit venue de ce que la
premiere famille du monde trop ac-
cruë, les enfans de cette famille en
âge & en état d'être chefs à leur tour,
avoient été obligés de former ailleurs
de nouvelles habitations & de nouvelles familles, & qu'ainfi les habitations
s'étoient multipliées à proportion du
nombre des familles. Un effain de jeunes abeilles que j'avois vu quitter la
ruche mere pour fonder ailleurs une
nouvelle colonie, m'avoit naturellement induit à penfer que la même chofe
s'étoit de tout tems pratiquée parmi
nous. Je m'étois trompé fans doute,
j'avois pris l'effet pour la caufe, & la
caufe pour l'effet ; j'avois tort, je l'a-
vouë, M. Roufleau. Quoiqu'il en foit,
voilà nos gens à bon compte, qui com-
mencent à prendre le ton de la bonne
compagnie ; le cœur pour la premiere
fois fe fent & fe fait fentir, il n'eft plus
queftion entre maris & femmes, peres
& enfans, voifins & amis de « croaf-
» fer comme les corneilles ; » pareil
jargon eft de l'ancien tems, il s'agit

de parler françois, au moins une langue telle qu'elle soit ; mais comment
leur en aprendre aux bonnes gens, si
il n'y en a point encore d'inventées ;
l'invention des langues particulieres
n'est pas chose aisée. Je sçai, M. Rousseau, ce qu'il vous en a coûté dans votre premiere Partie pour les trouver,
sans en avoir pu venir à bout. Vous
avez, au reste, assez repris haleine :
tôt ou tard il en faut venir-là ; fran-
chissez donc le pas de bonne grace.

» De grandes inondations (7) ou des (7) Page
» tremblemens de terres environnérent 109.
» d'eaux ou de précipices des cantons
» habités ; des révolutions du globe
» détachérent & coupérent en isles des
» portions du continent ; » quel horrible fracas ! N'ayez pas peur, c'est
une langue qui se forge. « On conçoit
» qu'entre des hommes ainsi raprochés
» & forcés de vivre ensemble, il dut
» se former un idiôme commun plu-
» tôt qu'entre ceux qui erroient libre-
» ment dans les forêts de la terre fer-
» me. » Mais si ce prétendu croassement
ment dont nous avons parlé ci-dessus,
idiôme général des humains, leur suf-
fisoit pour s'entendre lorsqu'ils étoient
en terre ferme, je ne vois pas trop

la néceffité d'un idiôme particulier en
étant féparés. D'ailleurs fi pour former
des idiômes particuliers il ne s'agiffoit
que de raffembler plufieurs individus
enfemble, il n'étoit pas befoin, ce me
femble, de tremblemens de terre,
de grandes inondations, de parties de
terre détachées du continent, la befogne étoit toute faite ; chaque famille
étoit raffemblée dans fon habitation
particuliere. Pourquoi raffemblés &
raprochés ainfi, les idiômes particuliers ne fe font - ils pas formés dans
le fein de chaque famille, fans les fé-
parer encore du continent. Mais foit,
M. Rouffeau, comme vous l'avez bien
voulu gratuitement fupofer, voilà donc
nos gens placés fur des portions détachées du continent, occupés à fabri-
quer des idiômes pour le refte du genre humain, environnés d'eaux de toutes parts ou de précipices affreux. Nous
les avons bien vu fe divifer, mais quand
& comment fe raprocheront-ils ? M.
Rouffeau n'eft jamais embarraffé, en
cherchant les inventeurs des langues,
il va nous indiquer les inventeurs de la
navigation. Qu'un homme d'efprit a
d'heureufes reffources! rien ne lui cou-
te, il n'a qu'à vouloir qu'une chofe

soit & elle eſt. A l'aide d'une barque
vous allez bientôt voir nos inſulaires
repaſſer à la terre ferme, aprendre à
des gens qui n'en avoient que faire,
des idiômes qui à eux-mêmes leur de-
venoient inutiles, la néceſſité, la po-
ſition & le beſoin urgent qui les leur
avoit fait inventer, ceſſant avec leur
exil. Il me paroit, en effet, tout naturel de croire au contraire que ceux-
là, c'eſt-à-dire les habitans du continent, errants çà & là dans les forêts,
n'ont pas pris volontiers la peine de
ſe caſſer la tête à aprendre des langues dont ils n'avoient que faire, n'y
ayant aucunes des cauſes ni beſoins
qu'avoient ceux-ci dans leurs iſles,
pour les y contraindre, & que ceux-
ci une fois repaſſés au continent, ne
ſe ſont pas amuſés long-tems à cultiver ſeulement par amour propre une
invention de laquelle ils n'avoient plus
beſoin, n'étant plus obligés & forcés
de vivre enſemble comme auparavant,
dans les iſles où ils avoient été rele-
gués. Voilà donc enfin une partie de
notre équipage arrivée à bon port ; ce
n'eſt pas encore aſſez, il nous faut
l'autre. Ces pauvres gens, M. Rouſſeau, que vous avez ſi inhumainement

entourés de toutes parts de précipices,
comment allez-vous les faire revenir;
plus de barques ici : c'eſt vous, je crois,
qui les y avez logés pour inventer des
idiômes, tirés-les en donc. Vous ne
reſtez jamais court, je le ſçai. Je les
y ai bien portés, répondrez-vous, les
en retire qui voudra. Quel meurtre,
M. Rouſſeau! que d'idiômes perdus!
Si vous vouliez cependant, les tremblemens de terre, les révolutions du
globe ne vous ont rien coûté pour les
y porter & les éloigner de nous, une
ſupoſition qui leur ſerviroit de pont
pour repaſſer ſeroit bientôt fabriquée;
mais vous réſiſtez, que vous êtes cruel!
En vérité, ces bonnes gens avoient
bien affaire que vous les ayez envoyés
forger des langues pour les ſiécles à
venir, ſans ſçavoir quand, ni comment
vous les ferez revenir; à moins, pauvres exilés, que M. Rouſſeau en cela
n'ait ſes deſſeins; qu'il ne vous y laiſſe
pour venir un jour nous aprendre l'art
de fendre les airs, art encore incon-
nu parmi nous. A vos compagnons de
départ, aux inſulaires de M. Rouſſeau,
nous ſommes redevables de l'uſage de
la parole & de la navigation; à vous
nous vous devrons peut-être des aîles;

qui fçait ? En attendant retournons à
nos nouveaux débarqués, inftruifant,
prêchant par tout le monde, l'ufage
de la parole ; la befogne n'étoit pas
petite.

» Les hommes (8) errans jufqu'ici (8) Page 110.
» dans les bois, ayant pris une affiete
» plus fixe, fe réuniffent en diverfes
» troupes, & forment enfin (*fans*
» *fçavoir pourquoi ni comment*) dans
» diverfes contrées une nation parti-
» culiere unie de mœurs & de carac-
» téres, non (*encore*) par des Régle-
» mens & des Loix, mais par le même
» genre de vie & d'alimens, & par l'in-
» fluence commune des climats ; »
effets nouveaux fans doute des tremblemens de terre, des inondations &
des révolutions du globe. Par la fuite
quelques tremblemens nouveaux feront
difparoître ce même genre de vie, d'a-
limens, ces influences des climats, pour
y fubftituer des réglemens & des loix ;
comme ils étoient venus ils repartiront.
Déjà on s'aprivoife, d'une cabane on
paffe à l'autre ; de jeunes gens de différent fexe voifinent, & enfin « à force
» de fe voir, (9) on ne peut plus fe (9) Page 111.
» paffer de fe voir encore. » On s'étoit
bien vu auparavant, mais on n'y avoit

pas fait attention, le cœur n'étoit pas encore dévelopé. « Celui (1) qui chan-
» toit ou danfoit le mieux, le plus
» beau, le plus fort, le plus àdroit,
» ou le plus éloquent, devint le plus
» confidéré ; » tout eft encore bien
jufqu'ici, à quelques legéres bleffures
près, que l'amour propre offenfé ou
méprifé faifoit donner à l'auteur de l'of-
fenfe, ou rembourfer encore par deffus
le marché à l'offenfé : « terribles (2)
» vengeances de ce tems-là, qui don-
» noient à leurs auteurs la réputation
» d'hommes cruels & fanguinaires ;
» quoique les hommes (3) fuffent de-
» venus moins endurans, & que la
» pitié naturelle eut déja fouffert quel-
» que altérarion, ce période du déve-
» lopement des facultés humaines te-
» nant un jufte milieu entre l'indo-
» lence de l'état primitif & la pétu-
» lante activité de notre amour pro-
» pre, dut être l'époque la plus heu-
» reufe & la plus durable. » Enfin M.
Rouffeau commence un peu à fe civi-
lifer ; dans fa premiere partie la meilleure raifon étoit de n'en point avoir,
& d'être borné, finon à l'état de la
brutte, au moins à l'état d'une imbécillité à toute épreuve ; il ne croyoit
jamais

(1) page 112.

(2) Page 113.

(3) Page 115.

jamais couler de jours heureux & innocens que dans le tems où il se retrou-
veroit comme autrefois , sans parole ,
sans industrie , sans liaison avec ses semblables , réduit au seul instinct , si encore il en avoit un ; il commence à devenir plus traitable , son enthousiasme,
son penchant pour le pur état primitif se modére ; pour la premiere fois
il y voit , il y aperçoit des défauts ,
l'indolence & la stupidité. L'homme
civil , ainsi qu'il existe aujourd'hui ,
ne lui en plaît pas davantage ; la
pétulence de notre amour propre le
choque, comme si ce défaut étoit une
dépendance nécessaire de cet état. Pour
faire donc à l'homme un sort heureux ,
il a fallu imaginer un état mitoyen qui
ne tint ni de la stupidité du premier,
ni de la violente activité de l'amour
propre du dernier. J'avoue que cet
état me plaîroit assez , si M. Rousseau
eût borné son discours & son projet à
vouloir nous ramener à la pureté &
à la tranquillité de cet état. Il seroit à
mes yeux beaucoup plus raisonnable
lui-même qu'il ne me l'a paru jusqu'alors. Mais par malheur cet état,
dans les tems & les circonstances où
le place M. Rousseau, me paroit aussi

L

chimérique que le premier qu'il lui a plû de fupofer. Un homme avec peu ou point de vices, un homme fans ftupidité, voilà certes le meilleur état de l'homme, fi on y joint encore la vraie connoiffance du Créateur, & la fin pour laquelle il nous a créés. « Plus » on réfléchit, (4) plus on trouve que » cet état étoit le moins fujet aux ré- » volutions, le meilleur à l'homme, » & qu'il n'en a dû fortir que par quel- » que funefte hazard, qui, pour l'uti- » lité commune, eut dû ne jamais ar- » river. » Si M. Roufleau n'eut pas été emporté par la vive demangeaifon de fe fingularifer dans fon efpéce, il n'auroit pas tranfporté dans un tems auffi reculé, un état qui fur les connoiffances & la foi de fes femblables, a été le premier dans lequel s'eft trouvé l'homme fortant des mains du Créateur, cet état de perfection, dans lequel il avoit été créé, cet heureux âge d'or, fi vanté, fi célébré par toutes les nations, au delà duquel on n'en connoit plus ; état qui n'a duré que bien peu, puifqu'il n'a pas paffé le premier de l'efpéce. Depuis ce tems l'homme a toujours été ce qu'il eft, ambitieux, vain, cruel, fanguinaire,

(4) Page 116.

injuste, porté au mal ; depuis ce tems
les peres ont été auſſi mauvais que les
enfans, & les ſiécles futurs ne ſeront
pas autres que nous; en tout tems, en
tous lieux, en tous climats l'homme,
ſera toujours homme, c'eſt-à-dire ſuſceptible & capable de vices & de vertus, de raiſon, de folie, un peu plus
à la vérité dans un tems, un peu moins
dans un autre, ſelon les dévelopemens,
non de la faculté de ſe perfectionner,
mais de la faculté de ſe détériorer,
dont la ſource eſt égale dans tous les
hommes des ſiécles paſſés, preſens &
futurs, par la dépravation originelle
de leur cœur, depuis la chute du premier. De tout tems il y a eu des hommes ſcélérats, vicieux, ſtupides ; de
tout tems il y en a eu de raiſonnables,
de ſenſés, de vertueux. Il n'y a rien
de nouveau ſous le ſoleil. La perte de
l'innocence du premier de l'eſpéce,
voilà par quel házard il a ſorti de cet
heureux état ; cataſtrophe funeſte, &
non hazard, comme il vous plaît, M.
Rouſſeau, fauſſement de l'avancer ;
qui, pour l'utilité commune, eût dû
ne jamais arriver.

» Tant que les hommes (5) ſe con-
» tentérent de leurs cabanes ruſtiques,

» tant qu'ils se bornérent à coudre leurs
» habits de peaux avec des épines &
» des arêtes , à se parer de plumes
» & de coquillages , à se peindre le
» corps de diverses couleurs , à per-
» fectionner ou embellir leurs arcs &
» leurs fléches , &c… ils vécurent li-
» bres, sains , bons & heureux. » C'est,
en vérité , bien dommage que les oc-
cupations particulieres pour l'orne-
ment , l'embellissement & l'amusement
de chaque individu de l'espéce, ne
l'aient pas nourri en même-tems, car
il auroit toujours vécu libre , sain , bon
& heureux. Il est bien triste, il faut
l'avouer , de nous voir aujourd'hui redevables à une révolution , de la dure
nécessité de pourvoir à notre conservation , autrement qu'en nous occupant
à nous parer de plumes & de coquillages , nous peindre le corps de diverses couleurs, en conséquence « d'a-
(6) Page » voir besoin (6) du secours des autres,
218. » de changer de vastes forêts en des
» campagnes riantes,* qu'il fallut arro-
» ser de la sueur des hommes, & dans
» lesquelles on vit bientôt l'esclavage
» & la misére germer & croître avec

* Dans le sistême de M. Rousseau , elles devroient bien plutôt faire pleurer , que faire rire.

» les moissons. » Grande & fatale révolution qui avez fini notre bonheur
& notre repos! qui vous a fait naître?
» L'invention de deux arts , (7) la
» métallurgie & l'agriculture ; c'est-à-
» dire l'usage & la connoissance du fer
» & du bled, qui ont civilisé les hom-
» mes, & perdu le genre humain. »
Avec M. Rousseau, tantôt, pour avoir
de l'esprit, il faut perdre le sens commun, tantôt, pour jouir d'une vie heureuse, il faut manquer de moyens les
plus propres à la conserver : comment
faire ?

De l'invention de la métallurgie &
de l'agriculture, c'est-à-dire de la connoissance & de l'usage du fer & du bled,
sont donc venus, selon vous, M. Rousseau , les besoins réciproques. « On
» s'aperçut dès-lors qu'il étoit utile à
» un seul d'avoir des provisions pour
» deux ; l'égalité disparut , la pro-
» priété s'introduisit, le travail devint
» nécessaire. » Mais si je vous soutiens
que tout homme dans son état actuel
ne peut être heureux , & je dirois presque , ne peut exister que par le secours
de ses semblables auxquels il est également nécessaire ; si je vous soutiens ,
que depuis le premier des hommes jus-

(7) Ibid.

(8) Ibid.

L 3

qu'au tems où nous vivons , l'efpéce
n'a jamais pu fe conferver que par la
liaifon & le fecours mutuel & réciproque
que des individus qui la compofent ;
que l'efpéce en général eft comme le
corps, d'un individu particulier , dont
les membres dépendent & qui dépend
des membres, qui ne peuvent fubfifter
que par lui, & qui ne peut fubfifter que
par eux , que deviendra alors votre
hypothéfe. C'eft le corps , à la vérité ,
qui nourrit & fait vivre les membres ,
mais les membres font obligés de lui
porter & lui fournir la nourriture dont
il a befoin , & de laquelle il leur fait
part. Unis par la même deftinée , fi
les membres refufoient au corps ce
dont il a befoin, comme fi le corps
refufoit de communiquer de la nourriture aux membres , qu'arriveroit-il?
Le corps & les membres, tout périroit.
Il en eft de même de l'efpéce humaine ; elle eft le corps , & chaque individu en eft autant de membres. De
tout tems le corps a eu befoin des membres , & les membres du corps ; de
tout tems l'efpéce a eu befoin des individus qui la compofent , & les individus particuliers , de l'efpéce en général. En conféquence , il en réfultera

donc que les hommes de tout tems ayant eu des befoins que l'induftrie particuliere ne pouvoit fuffire à fatis-faire, le fecours mutuel & réciproque a exifté pareillement de tout tems ; il en réfultera que ce n'eft point l'inven-tion feulement de la métallurgie & de l'agriculture qui a lié les hommes, les a rendus dépendans les uns des autres, mais leurs befoins qui les ont de tout tems raprochés ainfi qu'ils font ; liaifon fans laquelle, encore une fois, l'ef-péce n'auroit pu fe reproduire, fe con-ferver, ni même exifter. Ce font ces befoins qui ont inventé la métallurgie & l'agriculture, connoiffance qui dès le commencement des tems a été la premiere dévelopée parmi les hommes, par cette raifon, qu'ils devoient fe mul-tiplier, & que la terre ne devoit les nourrir qu'à la fueur de leur front ; tous ayant été dans le premier de l'efpéce, défobéiffans à leur Créateur, dès-lors le travail eft devenu néceffai-re & indifpenfable.

Que M. Rouffeau, avec l'invention de l'agriculture, introduife la propriété des terreins comme partagés, afin d'être cultivés avec fûreté, fur la bonne foi, l'affurance & la garantie du général,

L 4

j'y confens ; parce que dès-lors, outre
que j'y verrai l'établissement des Loix,
cette caufe de la propriété me paroî-
tra plus réfléchie, plus vraifemblable
que celle qu'il avance inconfidérément
à la tête de fa feconde partie ; fa ré-
tractation me paroit fondée. Qu'en par-
tant des fecours réciproques dont les
hommes ont befoin, il faffe difparoître
l'égalité des conditions, j'y confens encore, parce qu'il conviendra avec moi
que l'inégalité actuelle n'eft qu'aparente, plutôt fille de l'imagination * &
du préjugé que de la réalité. En effet,
l'un eft Prince, l'autre Sujet ; l'un puiff-
fant, l'autre foible ; l'un grand, l'autre petit : celui-ci riche, celui-là pauvre ; celui-là maître, celui-ci efclave ;
l'inégalité paroit au premier coup d'œil.
Qu'on confidére de plus près, tous
auront également befoin les uns des
autres ; en cela donc ils feront tous

* L'exil, l'obfcure naiffance,
La fervile dépendance,
Le mépris, l'opreffion,
La pauvreté qu'on détefte,
Le trépas, tout le refte,
Ne font que des maux d'opinion.

*Madame Deshoulières ; Ode
à M. de la Rochefoucault.*

égaux. ** L'air eſt commun à tous, les beſoins de la vie ſont communs à tous, l'exiſtence eſt commune à tous, il n'y a que le ſuperflu qui eſt commun aux grands & aux riches ; en cela même ils ſont au deſſous & plus malheureux que ceux qui, faute de moyens, ne peuvent ſe les procurer, ni même les deſirer. Les beſoins de celui-ci ſont compenſés par les beſoins de celui-là, le Prince n'a pas pluſieurs vies, il n'eſt Prince qu'à la charge de veiller à la ſûreté & au bonheur de ſes Sujets. Que ſeroit le puiſſant ſans les plus foibles, le plus grand nombre de ceux-ci prévalant de beaucoup le nombre de celui-là ; il ne ſeroit rien. Riche a-t-il deux corps ? Si le pauvre a beſoin de lui pour ſubſiſter, il a beſoin des ſervices du pauvre ; l'eſclave ſert le maître, mais le maître eſt obligé de pourvoir à la ſubſiſtance & au néceſſaire de l'eſclave. Tel riche a des domeſtiques qui le ſuivent ; & qu'importe qu'ils marchent les premiers ou les derniers ?

** *Suâ nemo ſorte contentus.* Horace.

> *Et mendicus mendico invidet*
> *Cantorque cantori.* Heſiode.

Voilà l'égalité dans l'inégalité des conditions.

ils respirent le même air , & la même terre les porte. Un étranger qui n'auroit aucune connoissance de nos usages, distingueroit-il le maître d'avec le valet ? l'un dîne devant , l'autre après ; au bout du compte , tous les deux dînent. Celui-ci le sert à table, à la chambre , celui-là est obligé de le payer en conséquence ; les obligations sont réciproques , si je te sers il faut que tu me payes. Tel Seigneur qui paroit si grand au dehors , n'est chez lui , s'il est homme sage & prudent , que le premier Intendant de sa maison & son premier économe. Mais, dira-t-on , les riches peuvent se satisfaire , ils ont une chere plus délicate, ils peuvent se procurer plus de plaisirs que tel ou tel malheureux Paysan qui a à peine de quoi subsister lui & sa famille. Il est vrai , mais en cela , ces riches, ces aisés prétendus, ne s'attirent que des maux , des peines & bien souvent d'inutiles regrets , en s'accordant plus qu'il ne faut, ou se demandant plus qu'ils ne peuvent ; peines & regrets inconnus à celui qui est borné à son petit nécessaire. Il y a des hommes , ajoûtera-t-on , qui ne l'ont pas ce nécessaire , ou au moins qui suent sang

& eau pour se le procurer. Celui qui n'a pas son nécessaire le mérite sans doute, & c'est par sa faute. Il n'y a point d'homme sur la terre qui ne puisse se le procurer, ou c'est un paresseux, un lâche, un fainéant ou un prodigue. Ce n'est point la faute de la Providence, c'est une punition qu'il s'est justement attirée. A l'égard de ceux qui sont obligés de travailler pour se le procurer, ce nécessaire, quel mal si grand de travailler; il en résulte une bonne santé, les forces du corps, peu ou point de maladies, nulles inquiétudes, point de revers de fortune à craindre, & tant d'autres embarras que les richesses occasionnent, sans satisfaire le plus souvent celui qui les possède. Ce Seigneur à la Cour, si riche, si puissant en aparence, y meurt de jalousie & d'inquiétude. Ce Laboureur, ce Manouvrier chante à son travail; & qu'importe à ce Laboureur, à ce Manouvrier ce qu'il soit, pourvu qu'il vive content & heureux? N'est-ce pas-là le vrai bien? Je ne trouve de réelle inégalité que dans le bonheur, & je le vois plus rarement chez les premiers que chez les derniers; ceux-là n'en ont que l'aparence, & ceux ci la réa-

lité. On cherche par tout le bonheur,
& presque personne ne le trouve:
pourquoi ? C'est qu'on le cherche par
tout où il n'est pas , preuve de la faus-
seté de nos idées & de notre jugement;
maladie qui ne vient que de la dépravation de l'homme & non de la nature. Tout est compensé par elle , tous
les hommes sont nés pour être heureux ; elle a pourvu aux besoins de tous,
le partage est égal entre tous ; tant pis
pour ceux qui ne placent pas le bonheur où il doit être , ils ne peuvent
jamais être que malheureux. Le vrai
bonheur consiste dans la vertu ; elle
seule dans tous les tems , dans tous les
états , dans tous les climats, dans tous
les âges , fait des heureux ; avec elle
toute inégalité disparoit ; il n'en existe
point d'autre réellement parmi les hommes , que celle qui consiste dans l'opo-
sition du vice & de la vertu.

(9) Page　» De la culture des terres (9) s'ensui-
823.　» vit (donc) nécessairement leur par-
» tage ; & de la propriété une fois re-
» connuë, les premieres régles de jus-
» tice. » De-là le droit civil qui a succédé au droit de nature ; droit civil,
droit irrévocable , qui , suivant M.
Rousseau , n'est au fond , rien autre

chofe qu'une adroite ufurpation ; droit civil , fruit des réflexions des hommes fur une fituation auffi misérable que celle dans laquelle les avoit mis le partage des terres. En effet , toutes les propriétés n'étant pas fondées fur des titres meilleurs les uns que les autres, » on avoit beau dire : (1) c'eft moi » qui ai bâti ce mur , j'ai gagné ce ter- » rein par mon travail. Qui vous a » donné les alignemens , leur pouvoit- » on répondre , & en vertu de quoi » prétendez-vous être payé d'un tra- » vail que nous ne vous avons point » impofé ? Ignorez-vous qu'il vous » falloit un confentement exprès & » unanime du genre humain pour vous » aproprier fur la fubftance commu- » ne tout ce qui alloit au delà de la » vôtre ? » Un ceci eft à moi , n'étoit plus de faifon ; faute de gens affez fim- ples pour les en croire fur leur parole , on n'en tenoit compte , on les ren- voyoit au tems paffé. Plus l'efpéce grandiffoit, plus l'efprit lui venoit ; & plus on avoit d'efprit , plus on étoit chicaneur ; on vouloit fçavoir comment & pourquoi ? encore épiloguoit-on fur tout. On fent aifément qu'une fituation pareille étoit bien affreufe ; auffi nos

(1) Page 133.

bonnes gens en fentirent-ils tout le dé-
savantage. Alors « le riche (2) preffé
» par la néceffité, conçut le projet le
» plus réfléchi qui foit jamais entré
» dans l'efprit humain : » Ce fut après
avoir tout bien combiné pour fon plus
grand avantage, de faire à fes voifins
un difcours pathétique fur les miféres
du tems, pour les engager à y remédier : « inftituons, *leur dit-il*, des ré-
» glemens de juftice & de paix, auf-
» quels tous foient obligés de fe con-
» former, qui ne faffent acception de
» perfonne, & qui réparent en quelque
» forte les caprices de la fortune, en
» foumettant également le puiffant &
» le foible à des devoirs mutuels. »
Ce qui fut dit & ce qui fut fait. Tous
à l'envi « coururent (4) au devant de
» leurs fers, croyant affurer leur li-
» berté. »

      » Telle fut (5) ou dut être (n'im-
» porte) l'origine de la fociété & des
» loix, qui donnérent de nouvelles
» entraves au foible, & de nouvelles
» forces au riche, détruifirent fans re-
» tour la liberté naturelle. De-là la
» politique des Etats. Dès-lors on vit
» l'homme civilifé aller au devant d'un
» joug, à qui l'homme barbare préfé-

(2) Page 134.

(3) Page 135.

(4) Page 136.

(5) Page 137.

» reroit la perte de la vie même. »
Quel enchantement! quelle folie! Mais
au bout du compte, pourquoi M.
Rousseau prétend-il aujourd'hui nous
défiller les yeux? ne voyons-nous pas
auffi clair que lui? Seul, jouit-il de
de la lumière, tandis que nous en fommes tous privés? Le contraire n'eft-il
pas plus préfumable, fans entrer d'ailleurs dans aucune diftinction avec lui
fur l'origine & la néceffité réelle de nos
prétendus fers? S'ils nous plaifent, s'ils
nous paroiffent legers, doux, néceffaires & indifpenfables à notre bien-
être, fi nous préférons notre prétendu
joug à la liberté aparente des plus fauvages, que lui importe?

Sont-ce donc de vrais fers que ceux
que l'on fe donne & que l'on porte
avec autant de plaifir que de liberté;
fers fi legers & fi libres, que leur perte
feroit pour nous un efclavage réel. Que
notre penchant pour eux foit une folie,
qu'il foit ce qu'il plaira à M. Rouffeau
de le traiter, femblables au fou de
Smirne, notre guérifon nous feroit fatale. Tandis que l'oifeau des bois chante, l'oifeau élevé dans la cage en chante-
t-il moins, en vit-il moins heureux?
Qu'on lâche celui-ci, qu'on renferme

celui-là, tous les deux périront. D'ailleurs pour l'homme vraiment homme, est-il un esclavage réel ; la matiere, à la vérité, peut bien n'être pas libre ; en ce cas notre corps, comme faisant partie de la matiere, peut bien être susceptible de non liberté, d'être renfermé, détenu dans tel ou tel espace, obligé, contraint de prendre telle forme, telle configuration. Mais l'homme n'est-il composé que de la seule matiere ? Qui peut captiver, réduire en servitude, donner des fers à sa volonté, à son esprit, à l'être pensant en lui, si la volonté de l'homme pour le bien-être commun l'a assujéti à des loix ? Cet assujétissement étant volontaire, peut-il être autre que libre ? D'ailleurs, dans toute la nature, qu'on parcoure tous les êtres créés, qui n'a pas ses loix ? Dieu lui-même a les siennes. Est-il son propre esclave parce qu'il les suit ? N'est-il plus libre parce qu'il ne peut pas s'en écarter. La vraie liberté consiste dans l'ordre ; & les loix ne sont rien autre chose que l'ordre. Il n'y a donc d'esclavage réel que dans le desordre qui n'est rien autre chose que le défaut, l'abus ou l'inexécution des loix.

Autant

Autant de tems que l'ame aura l'exercice de ses fonctions, autant de tems elle sera libre : la volonté de l'homme ne peut jamais être contrainte, ou elle cesseroit d'être réellement volonté chez lui, parce que pour que la volonté soit réelle, il faut qu'elle soit libre ; c'est pourquoi dans l'action du bien comme du mal nous sommes toujours libres, parce que nous ne voulons & ne pouvons vouloir ce qui nous plaît que librement ; autrement la volonté n'étant pas libre, ne seroit pas réellement volonté, & l'action ne pouroit avoir aucune qualité. Je ne nierai cependant pas que, quant à l'exercice & l'effet extérieur de cette volonté, elle ne soit pas toujours libre, l'effet & l'exercice de la volonté de l'homme dépendant de l'entremise des organes du corps. Ce corps pouvant cesser d'être libre, il peut arriver en ce cas qu'il ne puisse obéir ou exécuter ce que la volonté commande ; mais la volonté n'en sera pas toujours moins libre, moins réelle, quoique l'effet extérieur & l'exécution de cette volonté ne s'ensuivent pas. En un mot, tout homme, j'apelle ainsi le vrai homme, sera toujours libre dans quelque lieu, dans quel-

M

que état, dans quelque situation, dans quelque partie de l'univers qu'il se trouve ou qu'on le place, parce qu'il ne comptera jamais pour rien la non liberté de la matiere, tant qu'il sera au deſſus de cette même matiere, dont ſon corps fait à la vérité partie, mais qui n'eſt en lui que la partie la moins noble ; il ne ſera cenſé & réputé vraiment eſclave que lorſque ſon eſprit, l'être penſant en lui, ſera l'eſclave de cette même matiere qui par elle-même ne tend qu'au deſordre. Voila les ſeuls fers qu'il doit craindre, le ſeul joug qu'il lui importe le plus d'éviter & de ſecouer, lorſqu'il a eu le malheur de s'y être laiſſé aſſujétir.

Mais, dira M. Rouſſeau » il m'im-
(6) Page » porte (6) qu'on n'abuſe point de ma
154. » liberté, & je ne puis ſans me rendre » coupable du mal qu'on me forcera » de faire, m'expoſer à devenir l'inſ- » trument du crime. » Encore une fois, il ne peut être queſtion que de la non liberté du corps à laquelle il peut être expoſé en tant que matiere, puiſque, comme je l'ai déja dit, en nulle occaſion l'être penſant ne peut perdre ſa qualité d'agent libre, qualité propre & eſſentielle à ſon exiſtence ; prérogative,

avantage dont le Créateur pouroit seul
le priver, parce qu'étant sa créature, il
pouroit sans injustice retirer ce qu'il a
donné conformément à ses desseins toujours justes. Ne pouvant donc s'agir ici
que de la non liberté du corps dont on
pouroit abuser en le contraignant & le
forçant à devenir l'instrument du crime,
j'avourai que la volonté toujours libre
deviendroit coupable si elle exposoit
dans ce cas, le corps à perdre sa liberté, ou plutôt une partie du droit qu'elle
a sur lui ; car à le bien prendre, le corps
étant matiere ne peut jamais être dit
plus libre dans un tems que dans un autre.
La matiere ne pouvant jamais être libre, ni par conséquent se donner elle-
même l'action, il faut toujours que le
corps agisse conformément aux impressions, soit de la volonté qui lui est unie,
soit de toute autre cause étrangére. Il est
dit libre lorsque cette volonté qui lui est
unie le meut & le fait agir sans aucun
obstacle, conformément à elle-même ;
il est dit non libre toutes les fois que par
contrainte ou autrement il obéit à toute
autre cause, indépendamment des impressions de la volonté qui lui est unie,
qui alors perd en partie ou entierement,
suivant les circonstances, les droits

M 2

qu'elle a naturellement fur lui.

La volonté ne peut ni ne doit confen-
tir à l'aliénation, ni s'expofer à perdre
la moindre partie des droits qu'elle a fur
le corps qui lui eft uni, que dans le
cas où il n'y auroit pas d'autre moyen de
conferver l'exiftence de ce même corps,
ou pour un plus grand bien, dans le
cas cependant où elle feroit moralement
ment certaine qu'il s'enfuivroit le moindre mal de la non liberté du corps. Elle
doit préférer, fi elle a le choix, la non
exiftence de ce même corps à fa non
liberté; fi elle n'a pas ce choix, alors
tout le mal qui poura réfulter de la non
liberté du corps qui lui eft uni, ne poura lui être imputé, n'y donnant en aucune maniere fon confentement; le corps
n'étant pas plus libre que le couteau que
conduit la main de celui qui illégitime-
ment égorge fon femblable, peut bien
à la vérité devenir en ce cas l'inftrument
du crime, mais il ne poura jamais en
être fouillé, ni la volonté coupable, parce que là où il n'y a point de liberté, il
ne peut y avoir de crime.

Cet abus de la liberté ne peut donc
point être ici une fuite de l'affujétiffement volontaire aux loix, comme le fupofe M. Rouffeau, puifque les loix feu-

les font faites pour maintenir la raifon parmi les hommes, & que le feul raifonnable eft le feul vraiement libre. Mais M. Rouffeau en veut toujours à la fociété; cette fociété ne pouvant fubfifter fans conventions, fans devoirs mutuels, fans loix, les hommes exiftans comme ils exiftent, il étoit conféquent à fa mauvaife humeur de traiter cet affujétiffement aux loix d'efclavage, ces conventions, ces devoirs mutuels, de fers que l'efpéce humaine s'eft mal-à propos felon lui donnés.

M. Rouffeau ne difconviendra pas, il trouve même jufte & conforme à l'ordre naturel que « l'enfant (7) foit dépen- » dant du pere autant de tems qu'il a » befoin de fon fecours. » La fociété eft la mere, pour ainfi dire, de tous les hommes, l'efpéce ne fubfifte que par elle, les hommes ont & auront toujours befoin de fon fecours. Pourquoi ne conviendra-t-il pas qu'il eft pareillement jufte que tous en foient toujours dépendans? c'eft-à-dire, affujétis aux loix qui en font les fondemens; mais pour un moment je confens qu'on fuprime, qu'on banniffe, qu'on anéantiffe dans l'univers les loix qui le gouvernent, que tous les êtres qui le compofent, fecouent un

(7) Page 149.

joug qui selon lui est contraire à leur liberté, qu'en résultera-t-il? Un désordre général, le néant. Est-ce-là, M. Rousseau, votre but? Par la raison que l'être ne peut exister sans loix, préférez-vous le non être? Je ne veux pas, me répondrez-vous, que la nature en général n'ait pas ses loix, ce n'est pas ce que je prétends; j'aurois voulu que l'homme se fût toujours conduit par ces seules loix générales de la nature, sans jamais s'être, comme il l'a fait, assujéti à de particulieres à son espéce. Mais les loix générales de la nature n'étant que des loix propres à la matiere, y ayant dans l'homme outre la matiere un être pensant & indépendant de cette même matiére, il a été de toute nécessité qu'il se soit assujéti à des loix particulieres & propres à l'être spirituel qui anime & conduit chez lui la matiére. Si la matiere a bien ses loix, pourquoi l'esprit supérieur à la matiere n'auroit-il pas les siennes? L'homme donc étant un composé de l'un & de l'antre, il a falu que les loix propres à ses deux substances si différentes entr'elles, ayent concouru, pour ainsi dire ensemble, afin d'en faire germer & sortir les loix de la société, pour le conduire & le gouverner confor-

conformément à son ordre de création.

D'ailleurs l'homme étant sorti par sa faute de cet ordre de création, & ne pouvant plus y rentrer, s'y soutenir par ses propres forces, tendant au contrai- par sa pente & son penchant vers le dé- sordre, il a falu des loix pour l'y rame- ner & l'y maintenir ; ordre sans lequel rien ne peut exister. Que M. Rousseau parte de-là, il verra que la société & les loix sont indispensables & d'une nécessi- té absolue parmi les hommes. Ces loix une fois reconnues nécessaires & indis- pensables, il s'ensuit qu'il a dû de tout tems y avoir des hommes particuliers à qui l'autorité sur les autres a été remise du consentement général de l'espéce, pour les faire exécuter, sans en être dispensés eux-mêmes. De-là le gouvernement pa- ternel, de-là le gouvernement civil & politique, deux sortes de gouvernemens également nécessaires, également res- pectables, puisque leur principe, leur origine est également dans l'ordre. Le genre humain n'est rien autre chose qu'une grande famille composée de plusieurs autres désignées par les noms d'états, de nations, de royaumes ; états, royaumes, nations, composés à leur tour de familles encore plus particuliè-

res. Tous les hommes en général font les enfans du même Créateur, les Rois font les peres des nations qui compofent le genre humain , comme les peres à la tête de leur famille en font les fouverains & les rois. Le même principe rend également les uns & les autres dépendans & affujétis à l'autorité qui les gouverne , l'ordre enfin. Cela une fois bien conftant, en croirons-nous M. Rouffeau fur fa parole , lorfqu'il nous dit » que les biens (8) du pere dont il eft » véritablement le maître , font les liens » qui retiennent fes enfans dans fa dé-» pendance. » S'il en étoit donc ainfi , dès lors qu'un enfant n'aura aucuns biens à efpérer de fon pere , il n'y aura donc plus de liens qui le retiendront dans fa dépendance , & fi , comme il arrive quelquefois, le pere fe trouve réduit à ne pouvoir fubfifter que par le travail de fes enfans, « la reconnoiffance (9) n'étant » pas un droit qu'on puiffe exiger , » n'y ayant plus aucuns liens qui attacheront l'enfant au pere, que deviendra ce malheureux? Il n'aura donc pas plus à attendre de fa reconnoiffance que de la pitié des autres. D'ailleurs dans cette hipothéfe, l'éducation , la culture de l'efprit & du cœur , les inftructions , les avis , les
confeils

(8) Page 250.

(9) Ibid.

conseils d'un pere, ne seront donc plus
des liens qui devront retenir l'enfant dans
sa dépendance. Qu'est donc devenu, M.
Rousseau, « cette émotion si douce avec
» laquelle vous vous rapelliez la mé-
» moire du vertueux citoyen qui vous
» donna le jour ? » *Ne se fait-elle pas
sentir dans ce moment* ? Ses tendres ins-
tructions sont-elles déja oubliées ? N'é-
toit-ce que les seuls biens dont il étoit le
maître qui vous attachoient à lui, &
vous retenoient dans sa dépendance ;
» obligé de vivre de son travail, » que
pouviez-vous en attendre ? Une fois en
état de vous passer d'un secours qu'il ne
vous procuroit qu'à la sueur de son
front, ne vous étoit-il donc rien de plus
que votre égal ? Que sont devenus ces
beaux sentimens ainsi que bien d'autres ? * Ils n'étoient donc qu'affectés &
rien moins que réels.

D'un autre côté M. Rousseau n'est
pas plus réservé lorsqu'il traite du gou-

* Personne ne pense mieux & ne dit mieux ce
qu'il veut que M. Rousseau ; voyez la Dédicace
de son Discours à la République de Génève ; on
l'y trouvera constanment, bon fils, zélé citoyen,
tendre époux, généreux ami, le défenseur des
loix & des usages, l'apologiste de la raison, de
de l'honneur, de la vertu, le prédicateur même
de l'évangile & de la saine morale: *Heu! quantum
mutatus ab illo?*

N

vernement civil & de ſes chefs. Selon
lui toute autorité eſt toujours une uſurpation dans ſon principe, qui ne ſubſiſ-
te qu'aux dépens de la liberté de ceux
qui en ſont dépendans, d'autant plus
ou d'autant moins qu'elle eſt plus ou
moins grande. Selon lui l'ambition ſeule
aidée de la force a fait des tyrans & des
Rois ; la crédulité & la lâcheté, des ſujets
ou plutôt des eſclaves. S'il en étoit ainſi, s'il étoit poſſible & permis de traiter
avec autant de mépris les gouvernemens
civils, de parler avec auſſi peu de reſ-
pect des têtes ceintes du diadême ; ſous
l'ombre d'une fauſſe liberté perdue, de
ſoulever le ſujet contre ſon Prince : l'autorité des ſouverains de la terre étant
émanée de Dieu, ſeroit-il lui-même à
l'abri du titre d'uſurpateur ? En effet,
quel gouvernement plus deſpotique ?
Quel ſouveraineté plus entiere & plus
étendue ſur les hommes ? Tout eſt à lui,
rien n'eſt à eux, « ils lui doivent tout, (1)
» il ne leur doit rien, il fait juſtice quand
» il dépouille, & grace quand il conſer-
» ve. » Par cette raiſon ne ſera-t-il pour
eux qu'un tyran ? Ne leur ſera-t-il plus
permis de le regarder comme leur pere,
& eux comme ſes enfans ? Il n'en eſt pas
de même, me répondra-t-on, du Créa-

(1) page
251.

teur comme des souverains de la terre ;
il a un droit réel sur son ouvrage, & les
Rois ne sont que ce que nous sommes.
Cela est vrai ; mais qui empêche que
ce Dieu ne fasse part de son pouvoir à
telle ou telle créature, qu'il lui plaira de
choisir, pour l'exercer en son nom sur
la terre ? Pourquoi ne nous donnera-t-il
pas des tableaux, des images vivantes de
sa toute-puissance & de sa souveraineté?
Les Rois ont bien des Ministres, des
Magistrats qui les représentent, & aus-
quels ils confient leur autorité pour faire exécuter leurs volontés. Sujets comme les autres, en respecte-t-on moins
dans eux le Souverain. Pourquoi dans les
Rois, revêtus qu'ils sont d'une partie de
l'autorité divine, ne respectera-t-on pas
le Souverain des Souverains? Dieu est
bon, continuera-t-on, il est juste, il ne
peut abuser de sa puissance, il ne nous
traite pas en maître, mais en pere ; ainsi
doit pareillement agir tout Souverain de
la terre. Quel qu'il soit, il n'est pas plus
dispensé des loix que le dernier de ses
sujets ; toutes les fois qu'il s'en écar-
te il abuse, je l'avoue, de l'autorité dont
il n'est que le dépositaire ; mais celui qui
l'a lui a confiée, n'est-il pas assez puissant
pour l'en punir ? Son gouvernement est

N 2

dur, injuste, cruel, direz-vous? Nous
est-il libre par cette raison d'en secouer
le joug? Non; sous quelque prétexte
que se soit, le penser seulement seroit
un crime. Dieu nous le donnant tel, a
eu sans doute ses desseins; de quelque
maniere qu'il agisse & en use à notre
égard, sa volonté nous est toujours une
loi; soit que sa main frape, soit qu'elle
guérisse, elle nous est toujours également
respectable. Dans ce Roi cruel &
sanguinaire, je n'y vois qu'un Dieu ven-
geur, irrité, mais juste, qui punit; dans
un Roi sage uniquement occupé du bien
de ses sujets, je n'y vois qu'un Dieu mi-
séricordieux, bienfaisant, qui récom-
pense: dans l'un comme dans l'autre,
je n'y vois également que les exécuteurs
de la volonté divine, à laquelle je ne puis
sans crime m'opofer, ni me souftraire.
Elevés dans ces sentimens, de quel œil
verrons-nous M. Rousseau avancer &
soutenir que « l'émeute (2) qui finit par
» étrangler ou détrôner un Sultan, est
» un acte aussi juridique que celui par
» lequel il disposoit la veille de la vie &
» des biens de ses sujets. La seule force
» le maintenoit, la seule force le ren-
» verse, tout se passe ainsi selon l'or-
» dre naturel. » Ce Sultan, M. Rous-

(2) Page 177.

feau, étranglé, détrôné auffi juridique-
ment que vous le prétendez, n'étoit-il
pas également l'oinct du Seigneur? êtes-
vous donc établi juge entre lui & fes fu-
jets? Sa tête n'étoit-elle pas couronnée
auffi bien que celle des autres puiffances?
Sa perfonne auffi facrée n'étoit-elle pas
reconnue pour telle par toute la terre?
Le fanatifme qui jadis fit couler le fang
de nos Rois, étoit pour lors un acte juridique chez fes féroces auteurs; leur action en eft-elle moins execrable à nos
yeux? Que dis-je, jadis, la plaie * mal
fermée ne vient-elle pas de fe rouvrir...
ce fang précieux répandu ne fume-t-il
pas encore... Souverains de la terre, la
couronne vacillera-t-elle toujours fur
vos têtes? dépent-elle d'opinions auffi
injuftes, auffi fauffes que particulieres?
Qu'un Turc dans Conftantinople penfe
de nos Rois ce que, fi téméraitement
dans Paris, M. Rouffeau avance d'un

* Robert-François Damien, natif d... en
Artois, le 5 Janvier 1757, veille des Rois, à cinq
heures trois quarts du foir, frapa le Roi au côté
droit d'un coup de couteau à deux lames. Heu-
reufement le coup détourné par la Providence
ne fit que glifler fur les côtes, & le meilleur de
tous les peres fut rendu aux vœux de tous les
vrais François. On ignore les motifs & les com-
plices d'un fi horrible attentat, du moins ne
font-ils pas encore publics & connus.

N 3

Sultan, en feroit-il moins dans l'erreur ?
Non ; les fouverains dont ils font les fu-
jets, dans leur gouvernement différent,
tiennent également leur puiffance & leur
couronne de Dieu. Jamais donc dans aucun tems, dans aucun lieu, fous quelque
prétexte que ce foit, le prince n'eft jufticiable de fon fujet, ni d'aucune autre
puiffance de la terre telle qu'elle foit ; il
n'eft jufticiable que de celui-là feul, duquel il tient fon pouvoir. Quand même il
tourneroit cette autorité qu'il ne tient
que de Dieu contre Dieu-même, les
coups que de faux zèlés porteroient à fa
couronne, quelqu'aparence de juftice
qu'ils euffent d'ailleurs, n'en feroient pas
moins injuftes, moins criminels, ni
moins horribles. Nous pouvons bien en
ce cas abandonner, facrifier, s'il eft néceffaire, & fi on l'exige, nos vies pour
foutenir ou défendre les droits de Dieu ;
mais jamais nous ne pouvons, pour la
même caufe, facrifier les droits ou la
perfonne de nos Rois. Defpotes,
tyrans, fouverains, bons, méchans,
fages, diffolus, religieux, impies, tels
qu'ils foient, portent tous fur leur front
l'empreinte & le caractère inviolable &
facré de la divinité qu'ils repréfentent
fur la terre. Leur difputer ce droit,

vouloir en ébranler ou en révoquer en
doute la validité, c'eſt méconnoître le
bras qui les a placés, c'eſt attaquer dans
eux la puiſſance de Dieu-même, c'eſt
être plus que parricide, c'eſt être déici-
de; caractere ſacré que M. Rouſſeau
lui-même, eſt forcé de reconnoître,
mais de quelle maniere ? « Il étoit (3)
» néceſſaire, dit-il, au repos public,
» que la volonté divine intervînt pour
» donner à l'autorité ſouveraine un ca-
» ractere ſacré & inviolable, qui ôtât
» aux ſujets le funeſte droit d'en diſpo-
» ſer. » Quelle étrange intervention !
M. Rouſſeau pouroit-il nous en donner
l'époque & la date, lorſque Dieu, ſans
doute, s'eſt aperçu » des diſcuſſions (4)
» affreuſes, des déſordres infinis qu'en-
» traînoit néceſſairement le dangereux
» pouvoir de l'autorité ſouveraine; »
mais ce Dieu éternel, ce Dieu à qui tout
eſt préſent, qui régle, qui gouverne
tout ſur la terre, ne s'eſt-il aperçu qu'a-
près l'événement des ſuites de ce dangereux pouvoir? Pour ôter aux ſujets
le funeſte droit d'en diſpoſer, l'avoient-
ils auparavant. L'autorité ſouveraine
ayant ſon principe dans la volonté divine
qui eſt éternelle, peut-on ſupoſer, comme il le fait néceſſairement ici, qu'il

(3) Page 160.

(4) Ibid.

y ait eu un tems depuis fon origine,
pendant lequel cette autorité n'ait pas
eu un caractere refpectable & facré? Il
n'y a eu des fouverains que parce qu'il
étoit de l'ordre qu'il y en eût, & l'ordre eft Dieu même. Comment la volonté de Dieu a-t-elle donc pu interve-
nir pour donner à l'autorité fouveraine
un caractere facré qu'elle avoit dès fon
origine, puifqu'elle en eft le principe;
intervention prétendue, dans l'efprit de
M. Rouffeau, plus politique que reli-
gieufe. Après cela il viendra pieufement
(5) Page nous dire que « quand la Religion (5)
161. » n'auroit fait que ce bien aux hom-
» mes, c'en feroit affez pour qu'ils duf-
» fent tous la chérir & l'adopter mê-
» me avec fes abus. » Ou l'autorité fouveraine, dans fon origine & fon principe, eft jufte ou injufte : fi elle eft injufte
comme vous la fupofez, M. Rouffeau,
quelle Religion, quel Dieu que le
vôtre, qui fert de manteau à l'injuftice,
de mafque à l'ufurpateur; fi elle eft juf-
fte comme je le crois, & comme doit
le croire tout fujet, qu'elle Religion,
quel Dieu que le mien, qui, auteur de
l'autorité fouveraine, lui imprime le
caractere de fa divinité pour la rendre
reconnoiffable & refpectable aux yeux

de toute la terre. Auteur des loix comme des Rois, n'eſt-il pas dans l'ordre qu'il en ſoit le défenſeur & le protecteur. Mais dans des ſentimens pareils aux vôtres, adopterois-je, chérirois-je une religion qui dans mon ſouverain ne me montre qu'un uſurpateur ; dans mon Roy qu'un ambitieux, qu'un impoſteur ; qui n'eſt ce qu'il eſt « qu'aux dé- » pens de ma liberté, (6) qu'il ne m'a » pas été plus libre d'aliéner que lui de » s'en rendre le maître ; dont la con- » vention ne peut être que nulle, étant » de droit naturel abuſive, qui renfer- » me dans un ſeul tout le droit de cha- » que individu ... droit de ſouveraine- » té qui n'a pas plus de ſolidité dans ſes » ſuites que de vérite dans ſon établiſ- » ſement, qui ne peut tourner qu'au pré- » judice de ceux qui ſont engagés dans » ſa dépendance .... droit qui avilit » les peuples en les aſſujettiſſant ſous les » loix d'un ſeul ..... autorité qui regar- » de plus l'avantage de celui qui com- » mande que de celui qui obéit .... » autorité manifeſtement contraire à » la loi de nature, de quelque ma- » niere qu'on la définiſſe, en faiſant » qu'un enfant commande à un vieil- » lard, un imbécille conduiſe un hom-

(6) Voyez depuis la page 126 juſqu'à la fin du diſ.

» me fage * ... » & c'eſt-là cette religion qu'il faut que j'adopte, que je
chériſſe même avec ſes abus « quand
» elle n'auroit fait que ce bien ; » & quel
bien ? Autoriſer des monſtres, faire
intetvenir la volonté divine pour donner
à leur autorité, ou plutôt à leur uſurpation, un caractere ſacré & inviolable.
quel renverſement d'idées ! Quel Dieu !
Quelle religion ! Quels ſouverains !
Quels hommes.

Nous voilà enfin, M. Rouſſeau &
moi parvenus au point qui ferme le
cercle, point différent de celui par lequel nous avons commencé, en ce que
l'un étoit l'état de l'homme dans ſa pureté, & que ce dernier eſt le fruit d'un
excès de corruption. Nous avons prou-
vé tous les deux que l'état naturel des
hommes n'eſt point leur état d'origine,
que l'inégalité qu'on voit régner aujour-
d'hui parmi eux n'eſt point conſéquente
à leur état de création, qu'elle n'eſt
qu'accidentelle & relative au déſordre
arrivé depuis. L'homme n'eſt plus ac-

* Combien eſt-il d'une dangereuſe conſéquence
de tolérer de pareilles réflexions dans le ſein d'un
État policé ? Combien M. Rouſſeau, lui-
même, doit-il ſe les reprocher ? Combien un
Damien ou ſes fauteurs auroient-ils pu s'en
autoriſer ?

tuellement dans son état originaire, un
désordre constant l'en a tiré : rien de plus
certain ; en cela nous sommes d'accord.
Quel est cet état primitif? Quel est ce
désordre ? Voilà ce qui nous divisera
long-tems ; nos sentimens sur ces deux
points étant diamétralement oposés.

Pour amener les hommes à l'état où
nous les voyons aujourd'hui, il a fallu
à M. Rousseau une infinité de siécles,
de hazards, une combinaison d'événemens qui pouvoient arriver comme
ne pas arriver ; il ne m'a fallu qu'un
instant malheureux, la désobéissance du premier de l'espece envers son
Créateur. Selon lui l'égalité n'a disparu, d'autant plus que l'homme s'est
plus élevé au dessus de l'instinct de la
brute, qu'il s'est plus écarté de cet
état prétendu primitif; selon moi elle
n'a disparu d'autant plus que l'homme,
en abandonnant son état d'homme,
s'est plus abaissé à celui de la brute.
Selon ce Philosophe l'homme n'est parvenu au point que nous le voyons,
qu'en usant de la faculté de se perfectionner, en voulant, pour ainsi dire,
se spiritualiser ; selon moi, il n'y est
parvenu qu'en s'écartant de sa premiere
perfection, en usant de la faculté de

se détériorer & en voulant se matériali-
fer. M. Rousseau a raisonné conséquemment à ses idées, à ses sentimens;
j'ai raisonné conséquemment aux miens;
il ne s'agit plus que de décider entre
nous ; lequel a des idées, des sentimens
plus justes, plus vrais & plus confor-
mes à la nature de l'homme. Si l'homme n'est que pure matiére, si en conféquence il est borné à ce peu de tems
qu'il passe sur la terre & après ce tems
il rentre pour toujours dans le néant,
ou s'il réexiste dans une autre modifi-
cation de la matiére, je rends les armes ; M. Rousseau est mon Héros,
je suis son Apologiste. La vie la plus
conforme à celle de la brute sera toujours la meilleure pour l'homme ; *
il ne me restera plus alors qu'à lui demander la raison des sentimens dif-
tincts & réels que nous avons de notre
existence, d'une immortalité, d'un
fini, d'un infini, d'un parfait, d'un
moins parfait, de l'être, du non être,
&c.... D'où vient à l'homme le sentiment de la douleur ? tous les êtres
créés également matiére ; la matiére

* Dieu auroit traité plus favorablement la
brute que l'homme. *Seneq. Philos.* Voyez le
passage en entier. Epitre 74.

en général sera donc capable des mêmes idées, des mêmes sentimens, telle plante en sera donc aussi susceptible que tel homme. La maniere d'être, me répondra-t-il, de cet être plante, n'est pas la maniere d'être de cet homme ; par conséquent l'un peut être susceptible d'idées, de sentimens, de sensations, & l'autre ne le pas être, suivant leur maniere d'être différente, & la disposition de leurs organes ; mais, repliquerai-je, qui a donné à ces différens êtres leur maniere d'exister ? Pourquoi la maniere d'être de l'un n'est-elle pas la maniere d'être de l'autre, & en conséquence celui-ci susceptible du sentiment de la douleur, tandis que celui-là n'en sera point susceptible ; n'est-ce seulement que parce que la providence dont ils sont également les ouvrages en aura ainsi ordonné ? En ce cas, quelle providence injuste & capricieuse qui se fait un amusement & un plaisir cruel de créer des malheureux ! Si les hommes purement matériels, bornés à cette terre, sont l'ouvrage d'une Providence très-sage, ne pouvant mériter aucun châtiment, la matiére par elle-même non libre, par conséquent non coupable, comment

le fentiment de la douleur fera-t-il conféquent à leur nature ? Ou cette Providence fage n'a pu faire de fon ouvrage
ce qu'elle a voulu , ou elle n'eft rien
moins que fage & bienfaifante. Alors
l'homme feul fufceptible du fentiment
de la douleur , fera le plus malheureux
& le dernier des ouvrages non d'une fage mais cruelle providence. S'il en étoit
ainfi , cette Providence ne feroit pour
moi qu'un tyran féroce , dont l'unique
bienfait feroit de détruire en moi un
exiftence , qui , fans efpérance pour
l'avenir, ne m'offre que des maux pre-
fents. Le néant feroit ma divinité *
& l'auteur de mon exiftence , mon
plus cruel ennemi. Alors l'être créé
feroit plus parfait que celui dont il auroit reçu l'être ; car de fa nature l'être
eréé répugne à tout fentiment de douleur , & fon auteur n'en feroit qu'un
attribut de fa puiffance. Quel défordre
alors , M. Roufſeau , dans les idées
que nous avons du Créateur & des
êtres créés ? Il s'enſuivroit que l'être
pour l'homme feroit une imperfection ,
& le non être une perfection. Mais
que tout change bien de face à la lu-

---

* *Non naſci eſſe bonum , natum aut cito morte potiri.*
Aufone. Idil. XV.

miere de l'immortalité pour laquelle
l'homme a été créé. Cette vie ne pa-
roîtra plus qu'un paſſage, un chemin
vers le bonheur éternel ; le ſentiment
de la douleur, ſuite du crime, un juſte
châtiment dû au coupable. Je verrai
l'homme créé dans l'ordre pour être
toujours heureux ; par ſa qualité d'agent
libre, tombé dans le déſordre, je ne
le verrai malheureux qu'autant qu'il
ſera coupable. * Que de juſtice ! que
de ſageſſe alors dans l'Auteur de mon
exiſtence. Créé pour lui ſeul, mon
unique bien, puis-je être autre choſe
que malheureux tant que je chercherai
ailleurs un bonheur que je ne puis trouver que dans lui ſeul. Ouvrez les yeux,
M. Rouſſeau, au flambeau de la vérité, vous verrez l'homme ſuſceptible
du ſentiment de la douleur, parce qu'il
eſt coupable. Qu'il ceſſe d'être coupable, il ceſſera d'être malheureux.
Vous trouverez la ſource de l'inégalité actuelle parmi les hommes, non
dans ce que l'homme s'eſt écarté de
ſon premier état, qui n'étoit autre,
ſelon vous, que l'état de la brute,
mais dans ce qu'il s'en eſt d'autant

* Sub juſto deo, nullus miſer niſi mereatur.
Auguſt...

plus aproché, en fortant de l'ordre, dans lequel il avoit été créé ; non en ufant de la faculté de fe perfectionner, mais au contraire en ufant de celle de fe détériorer. Vous avouerez que cette inégalité, fuite & châtiment dú défordre, eft elle-même dans l'ordre, parce qu'il eft de l'ordre que le crime foit puni ; vous conviendrez que l'homme depuis fa premiere chute, devant être par fa faute toujours coupable, il eft néceffaire que le châtiment dure autant que le crime ; qu'en conféquence, tant que l'efpéce fubfiftera, autant de tems elle fera fujette à la douleur & à l'inégalité ; enfin que les hommes ne feront égaux & heureux que lorfqu'ils cefferont d'être coupables & criminels. Voila, M. Rouffeau, quels font mes fentimens : puiffe la vérité vous en infpirer de pareils, ainfi qu'à tous ceux qui penfent comme vous ; elle le peut, je l'efpére.

FIN.

www.ingramcontent.com/pod-product-compliance
Lightning Source LLC
Chambersburg PA
CBHW052102090426
42739CB00010B/2284